大都會文化
METROPOLITAN CULTURE

大都會文化
METROPOLITAN CULTURE

有錢真好！

輕鬆理財的10種態度

CONTENTS

第二章 輕鬆理財十法則

CONTENTS 》》》》》》》》

輕鬆理財，簡單致富

賺錢的方法要簡單易懂

每個人都想成為有錢人，卻很難如願以償。二十幾歲的年輕人擔心成為無業遊民，三十幾歲的人擔心沒錢購屋，四十幾歲的人擔心沒有退休金和子女的教育基金，五十幾歲的人為養老金不足而悶悶不樂，六十幾歲的人則早已沒有幹勁。

信用不良的人數不斷增加，貧富差距越來越嚴重，在這種情況下，很多人認為談理財和錢，就像在說天方夜譚一樣，甚至認為關心理財的人，經濟狀況應該還算不錯。

筆者也陷在這樣的困境之中，在理財和存錢方面同樣都還不穩定。在學生時代，用父母提供的學費和生活費馬馬虎虎地完成學業，接著就開始社會生活。在當記者時，常請學弟妹們吃飯，與心靈相契合的朋友

INTRODUCTION 》》》》

一起享用愉快的晚餐，這些消費耗掉大部分的經濟開銷。回想起來，覺得自己好像是爲了花錢而賺錢。

然而不知從什麼時候開始，突然發覺自己口袋空空，而且漸漸對於年華老去感到害怕，總覺得還處於有很多事情可以做的年紀，但是從社會當中所能感受到的自信，卻與年紀成反比。於是，現在我也想要開始存錢了。

以前我只把公司老闆當成採訪對象，現在則重新以富翁的角度來評估他們，思考「他們如何創業成功」、「如何賺大錢」，以及他們的過去經歷。結果發現富翁們自有其一套賺錢的法則。

我想知道他們爲何能在最短的時間內致富。不過，大部分的人並不會從父母那裡繼承財產，一夜之間變成富翁；中樂透的機率更是微乎其微。因此，我要談的不是像一夜之致富這樣的白日夢，而把重點擺在時間上。在既簡單又輕鬆的情況下，用正當的方法來縮短致富的期間，這就是我撰寫此書的動機。

對於現實生活感到越疲倦，就會越想快點變成富翁。我誠摯地希望此書，對於想快點變成富翁，卻既不做低機率的樂透夢，也不做遙不可及的發財夢的一般社會大衆們，在縮短致富的時間方面，能有實質上的幫助。

單純投資法則與單純投資習慣

重新思考經常掛在嘴邊的「10在10」，即「10年內賺10韓元」。10億韓元是富翁的標準，10年是能忍受的期間，這是普遍的共識。與富有的標準相比，一般人更在意致富的時間。也許有的人會批評這種想法並不科學，但我還是以「10年致富縮短爲3年致富」爲目標，創作本書。

以一個月存50萬韓元也覺得很吃力的人爲例來說明。他覺得每個月存50萬韓元很吃力，於是心想不用存太多，只要存一億韓元就好，而且認爲存一億韓元就是富翁。他覺得銀行的儲蓄存款是理財的最佳方法，所以加入利率5％的儲蓄存款。計算結果發現，他必須存十二年八個月才能達到一億韓元。

INTRODUCTION 》》》》

有一天，他注意到間接投資商品「基金」，心想這是比儲蓄更好的理財方式。如果投資基金，能將十二年八個月的期間縮短多少呢？證券市場年平均利潤約爲9％，基於證券市場的穩定性而投資證券型基金，致富時間可縮短兩年五個月。

只是發現非銀行儲蓄存款的其他投資方法，就可縮短賺錢時間。那麼平時只要關心理財資訊、尋找好的投資商品，並養成儲蓄的習慣，成爲富翁的期間就能大幅縮短。

撰寫這本書的另一個目的是，用比別人更簡單的投資法則與更簡單的投資習慣，提早三年成爲富翁。不多也不少，就是三年。讀完這本書後照著做，我有信心你能比別人早三年成爲富翁。

想更快成爲富翁，關鍵就在於意志力和努力。致富絕對不是遙不可及的夢，而是可以達成的目標。希望各位成爲富翁的準備期間不是疲憊的等待，而是愉快的旅程。當然，我們不只是爲了成爲富翁而活，更重要的是爲了致富後的幸福而活。

擺脫不切實際的理財高調

我想要正確地抓出核心所在，於是在寫這本書的期間，造訪了許多富豪，希望他們能夠傳授致富的獨門祕訣。雖然最後沒有如預期的得到答案，但是他們致富的過程有幾點共通原則。

平常跟我交情不錯的致富倡導者金慶植會長曾說：「金記者應該對所寫的新聞報導負責。自己不賺大錢，讀者看了怎麼賺大錢呢？這樣的理財書籍是虛假的。金記者以後十年內如果沒賺到十億韓元，你不覺得自己應該要改行嗎？」

致富倡導者金慶植會長的話一針見血，這對身爲理財專欄的記者而言，實在是非常難堪的事。我百分之百同意對方的話。我不是富翁，卻在撰寫理財專欄，有時會覺得很心虛。雖然我會自我辯解：「你看過轉播足球的記者中有人足球打得比球員好的嗎？」但這樣的辯解只是暫時的逃避罷了。因此，我想撰寫眞實的文章——對於致富的過程，我必須證明其眞實性，而且要用簡單易懂的方法來致富。這就是我撰寫此書的

INTRODUCTION

另外一個動機。

筆者從2003年初開始，就決心要寫本理財專書。這次發行此書，當然不是爲了得到什麼好答案。只是身爲自己人生的主人，我想探討所需要的最基本理財之道到底是什麼。

第一章

要簡單才會成功

1

身為理財專訪記者，我經常與理財專家及富豪有接觸，他們給我的印象是，他們只有「原則」，沒有「祕訣」，而且他們都各自擁有獨到的技巧和戰略，尤其是專精一般人感到棘手的股票或期貨的人，更是擁有「獨門絕招」。

事實上，仔細分析他們的那些「祕訣」，不難發現其實那就是「原則」，而且是「簡單」的原則。堅守原則就是他們的祕訣。

投資並不複雜，也不困難，是任何人都可以做得到的。

1 投資簡單化

投資簡單化，以耐力決勝負
要手段並不能早點成為富翁
孔子的語錄中也有存錢的智慧嗎
理財專欄記者賺大錢嗎
太多的情報只會帶來混亂
簡單投資形成一股風潮

富豪通常是怎麼投資的？是以什麼樣的投資方式致富的？在一連串的投資失敗之後，對於有錢人賺錢的方式越來越好奇。以股票投資市場爲例，光是股項就有一千八百多個。這是因爲在證券市場（以前的證券交易所）和韓國店頭市場（KOSDAQ）掛牌的公司就有這麼多。

不只是股項令人頭疼，若要分散投資，該把什麼股項放進哪些選單裡，也讓人無所適從。有人建議購買上漲的土地，可是又該如何選購呢？有人分析日後的房地產市場不會呈直線上升，會有波動，既然如此，投資不穩定的房地產，同樣會令人感到不安。參考市售的股票、房地產專書，卻是越看越模糊。

事實上，有錢人賺錢的方法和投資方式出乎意料的簡單。回想一下你今天午餐時所光顧過的餐館，也許那家餐館就是間賺錢的店。那麼，那樣的餐館有很多種菜色供客人選擇嗎？可能沒有吧！靠餐飲業賺大錢的人，通常會用一、兩道名菜來決勝負，例如牛骨湯店只賣牛骨湯，鰍魚湯店只賣鰍魚湯，明太魚湯店只賣明太魚湯……。認爲菜色豐富才能賺大錢的想法，其實是錯誤的。名店的菜單通常是簡單的。

投資簡單化，以耐力決勝負

猴子、基金經理人、專家集團同時參加投資利潤比賽，你猜誰的投資利潤會最高呢？矇住眼睛，向新聞經濟版投射飛標，把所射中的股項當成投資標的，據說猴子所獲得的投資利潤最高。看起來很不可思議，因為猴子根本不懂得投資方法。

和比爾．蓋茲（Bill Gates）並駕齊驅，世界上最富有的人之一的華倫．巴菲特（Warren Buffett），只投資自己所熟悉的股項。分散投資的投資組合也很簡單。只選擇熟悉的股項。

對於在二十世紀所掀起的資訊熱潮一點也不關心。因此，也受到「就連資訊風潮也不懂」的嘲弄，但是這些嘲弄絕無法貶低他的名聲。這是因爲他確實遵守了簡單的投資法則──絕不投資自己不熟悉的領域，經過漫長的歲月以後，終究會得到好的利益。

另外一個神話──約翰．坦伯頓（John Templeton），則是以遵循「在最不景

氣的時候投資」的法則而聞名。約翰．坦伯頓說：「所有的人都是在絕望的時候，進行最積極的投資。」他和華倫．巴菲特同樣都是相信「用便宜的價錢買好的股票，再將其長期保存」的簡單投資法則的投資大師。對他來說，以最便宜的價錢買下股票的時機，是在別人最絕望的時候。

「和別人不一樣的逆向思考」的逆向投資（contrarian investing）大師們，也採行簡單易懂的投資原則。所謂的逆向投資，並非擁有複雜的技巧或特別的祕訣。他們跟一般人想的不一樣，把根據科學統計所獲得的結果視爲投資原則。

換言之，逆向投資就是把績優股中，一年有連續一半以上的時間呈下跌的股票列入投資標的。這適用於「一半法則」。在持續一半時間下跌的股票當中，如果該公司的重要主管或董事等對公司內幕非常了解的人開始收購股票，就要跟著買進。還有每一種股票不要買超過5％以上，投資組合以二十項爲原則。再者，爲了避免投資風險，同一種行業的股票不要投資超過20％以上。什麼樣的股票該什麼時候買、該買多少，都有簡單的法則。

關於股票什麼時候該賣，其實也很簡單。獲得30％利潤或是不到30％利潤，然而卻保存超過三年以上的股票，應要賣掉。反之，所購買的股票下跌25％時，要賠錢賣掉。

雖然市面上有很多關於逆向投資的書籍，但是很難發現上述的眞理，亦即投資家遵守一定的法則，進行簡單的投資。

被稱爲逆向投資鬼才的約翰·涅夫（John Neff），也是位單純的投資家。他的投資原則是尋找低市盈率（PER，Price Earning Ratio，指現在每股市價除以每股盈利）。一般而言，市盈率高意味著股價所受到的評價越高，市盈率低則表示股價受到的評價越低。因此，低市盈率股票不只可以低價買進，而且還是個冷門股。

約翰·涅夫表示：「想要投資股票賺大錢，就要買進受股票市場冷落的冷門股，等到投資家發現該股項的價值時，立刻賣掉。這是最明智的做法。」他不觀看股票市場所流行的各種投資方法和技巧，而保持自己獨到的投資法則。在擔任三十一年基金經理人的生涯中，有二十二次左右創造超越市盈率的實績，甚至曾經創造股市利潤達5600%的驚人紀錄。

國際性的共同基金投資公司先鋒集團（Vanguard Group）的創立人約翰·鮑格爾（John Bogle），將簡單投資的原則發展到極致。他強調光是單純投資追求指數的指數型基金（index fund），就能比一般的基金經理人獲得更高的利潤。依照

他的追求市場平均利潤原則，就能達成99％的目標值。其他基金則只能達到85％。他明白表示，採取複雜技巧的投資行爲，只會增加買賣次數，徒增耗損利潤的費用。

他主張選擇簡單的商品。保險就是個很好的例子。理財專家強調兼有儲蓄和多功能綜合型保險比不上純健康保險、純癌症保險。最重要的是，不要對保險有儲蓄功能的期待，保險的目的是保障性質良好的商品。具有多功能的電視和最新型手機其實有很多問題。新產品總是因爲一些用不著的功能而提高價格。一般而言，功能簡單的電子產品，比功能複雜的產品獲得的滿意度更高。

能在經歷長達十年經濟不景氣的日本國內中乘風破浪的投信公司代表澤上篤人說：「我的投資風格就是『長期投資』。」低價買進，高價賣出，這就是賺錢的法則。不管花多長時間，一定要成爲長期投資者。長期投資並沒有什麼卓越的操作法，也沒有什麼投資技巧，只有唯一的資產，那就是具有能長時間默默等待的耐力和意志力。

從德國法蘭克福破舊的猶太區出發的窮商人羅斯柴爾德（Rothschilds）家族，是世界上首屈一指的富翁家族。他們儲蓄財富的戰略，出乎意料地簡單。低價買進布料，裁剪成塊狀，等到有賺頭的時候再賣出。接著，再等累積到一筆資金後，再把那筆錢拿去買更大塊的布料，裁剪成塊狀，等到有賺頭時再賣出。

他們賺錢的方法和其他富豪及知名投資家一樣，低價買進，高價賣出，然後不斷地重複再投資。經過兩百多年的現在，他們儲蓄了全世界任何一個家族都比不上的財富。

國內操作股票賺大錢的人當中，大部分是單純投資者。以職業投資家的身分賺進數十億韓元的A先生，發表所謂的三步驟理論。外國人開始買進，曲線處在上升的初期階段時，他選擇利潤較高的股項投資。他就是按照這個簡單法則投資而賺大錢。

財產擴增到六十億韓元股票的B先生，七年前結婚時，只擁有兩房一廳房屋的抵押金兩千五百萬韓元、價值兩千萬韓元的股票及一千萬韓元左右的負債，但現在卻是扣掉該繳納的稅金後，還可以獲得大約兩億韓元的利息的富豪。

他到底是如何在短時間內獲得驚人收入的呢？答案就在他所設定的單純投資方式裡。他根據槓桿原則，不只妥善地處理負債，還在股票市場上漲的初期階段進行集中投資，並遵守在快下跌時，減少負債的原則。他在薪資範圍內提高投資

比率，只要一有多餘的錢，就拿去投資。

以鄉間醫生的筆名而聞名的安東新世界醫院朴慶哲院長，也主張富翁並沒有富翁獨有的投資理論或新穎的投資技巧，也沒有富翁專有的特殊世界觀望鏡。

大部分的富豪都不會去接觸自己不懂的領域。每個領域都有高手，突然闖進去的的初學者，很難有什麼發展。更何況現在是間接投資開放的時代，一般的投資者根本無法以自己的實力來決勝負。與各領域的專家決勝負時，要戰勝對方並不容易。很多人誤以爲投資有訣竅，但那只是部分成功神話所帶來的幻想，以及自己的慾望所造成的海市蜃樓罷了。

耍手段並不能早點成為富翁

不切實際的致富祕訣，只會給人空虛的感覺。應該要以平靜的心情接受現實，按部就班地存錢。

平常跟我很熟悉的某家銀行知名理財組長，在理財界是屬於悲觀主義者。在

「十年內賺十億」的標語流行時，他否定這樣的流行語：「對於一般人而言，這是遙不可及的夢。」他強調用數學公式再怎麼計算也算不出這樣的答案，但這並不表示他懷疑儲蓄或理財。他認爲「不切實際的致富祕訣，只會給人空虛的感覺。應該要以平靜的心情接受現實，按部就班地存錢」。

把加入年利率5％的儲蓄存款和投資預估年利潤爲9％的股票型基金拿來作比較。首先，若選擇利率5％的儲蓄存款方法存錢，每個月存五十萬韓元，則需要152個星期，即十二年又八個月的漫長歲月才能存到一億韓元。每個月存額增加到一百萬韓元，縮短爲七年又一個月；每個月存額增加到一百五十萬韓元，則縮短爲四年又十一個月。

如果投資具戰略性的商品，可以縮短多長的時間呢？投資年利潤爲9％的股票型基金，則隨著所投資的定額逐增，五十萬韓元、一百萬韓元、一百五十萬韓元，則各自所需的時間爲123個月（十年又三個月）、75個月（六年又三個月）、55個月（四年又七個月）。因此，與年利率5％的儲蓄存款相比，隨著存款定額的不同，少則差四個月，長則差兩年五個月。

要特別注意的是，若存款的額度更少，會差兩年以上；存額更多，則可能差

不到四個月。換句話說，每個月存的錢越多，成爲富翁所需的時間和金融投資的利潤就沒有太大的差異。快速達成目標的最佳方法，就是提高每個月的存款額度和利潤。

由此可知，即使投資具有戰略性的基金，在儲蓄一億韓元所需的時間上，並沒有比加入儲蓄存款縮短多少。這並不是要強調提高存款額，而是說不要忽略提高投資報酬率。提高利潤的努力，不是要求學習特別的投資方法，簡單的投資也可以提高報酬率。

孔子的語錄中也有存錢的智慧嗎

成功人物的經驗談，雖新鮮而有趣，卻具有相同的本質。賺錢的方法很簡單，就是賺多、存多、少花。只要有堅強的意志力和耐力，你也可以成為富翁。

試著說出五種健康長壽的方法。超過三十歲的你，即使曾經只有一次關心自己的健康，大概也可以猜中。

接著，與KBS電台所播放的「生老病死」節目中所說的答案核對一下。節目中的答案是詢問三十位韓國知名醫師而獲得的解答，具有一定的公信力。答案是：第一，戒菸。第二，每天做運動。第三，減肥。第四，適度地飲酒。第五，養成正確的飲食習慣。

既然這些是多數人都能猜對的問題，KBS電台爲什麼還是播放了好幾個單元呢？因爲這五個答案就是事實，就是解答。那麼一分鐘就能結束的問題，爲什麼要播那麼久？這是因爲人們知道這些答案，卻沒去實踐，所以必須不斷地說明。

事實上，健康長壽的方法就存在孔子的語錄裡，賺錢的法則也一樣。大部分白手起家的富翁的成功故事，大致上脫離不了語錄裡的原則。只是每個人實踐的方法不同而已。成功人物的經驗談，雖新鮮而有趣，卻具有相同的本質。賺錢的方法很簡單，就是賺多、存多、少花。只要有堅強的意志力和耐力，你也可以成爲富翁。

除此以外，還有人爲力量可以達成的方法嗎？在孔子語錄中，有幾種富翁存錢的方法，結論就是：努力賺錢，努力省錢。因此，如果你擁有實踐孔子話語的

意志力和耐力，那麼你也可以成爲富翁。

理財專欄記者賺大錢嗎

記者可以接觸到非常多的資訊，卻無法領會資訊的珍貴性；可以掌握一般人不知道的資訊，卻容易忘記資訊的價值。

筆者所認識的記者中，富有的人並不多，賺大錢的人也不多。不在知名的電台當記者，薪資更不可能太高。然而，大部分的人都誤認爲，記者容易知道內幕，一定很會投資。事實上，這完全是錯覺。

記者可能是接觸最多資訊的職業之一。某些股項可能因爲他們的報導，在短短幾天之內就連續上漲兩倍、三倍。政府選定的重新開發區域的新聞，也造成房價的波動。因此，人們認爲撰寫此新聞的記者一定已經從中大賺一筆。然而，事實並非如此。爲什麼呢？

理由有很多，筆者則認爲是記者接觸過多資訊所致。記者可以接觸到非常多的資訊，卻無法領會資訊的珍貴性；可以掌握一般人不知道的資訊，卻容易忘記資訊的價值。多數資訊的論點經常互相衝突，甚至在檢視過後出現問題。記者的職業病就是懷疑。聽到A情報，也會去找持相反論點的B情報，因爲記者視保持中立爲天職。

世界上所有的事情都具有兩面性，沒有什麼前者錯、後者對的情況，但記者習慣把兩面對照起來觀察。情報多不一定賺錢。情報多，與活用情報以實際投資是不一樣的。此外，記者面對大量資訊時，首先想到的是撰稿，而不是賺錢。

有人說，賺大錢的記者並不多，是因爲報社位於首爾市的江北地區，雖然這聽起來有點可笑。比任何人擁有更多情報的記者，應該居住在江南，而不是江北，至少也是江南附近的分堂地區。事實上，大部分的記者都居住在靠近公司的江北地區。記者和大部分的人一樣，喜歡住在離公司近的地方。情報多的記者，和一般人的思考模式其實沒有太大的差別。

太多的情報只會帶來混亂

不管喜歡或不喜歡，現在已經進入接受誘惑的時代。想要領先別人的競爭心

理，使我們的眼光停留在複雜的投資世界裡。只為了多賺幾分錢，有必要做到這種地步嗎？

這麼多情報只會帶來混亂。美國的財政顧問瑞克．艾得蒙（Ric Edelman），曾以自己的五千名富翁顧客爲對象，進行問卷調查。結果發現只有五分之一曾經讀過華爾街日報或參加過理財講座。大多數的富翁不看經濟新聞，不看經濟方面的相關節目，更不參加理財講座。他們認爲過多的情報只會妨礙成功，乾脆不看。瑞克．艾得蒙還表示，應該培養「像富豪一樣經常大筆投資」的習慣。

在美國費城大學裡，教授社會理論和社會行爲學的貝里．遜威斯教授主張，「選擇機會遽增，與預測的相反，並不會帶給現代人幸福，反而對心理及情感上的滿足感有害」。

貝里．遜威斯教授在某個高級住宅區的超市裡，進行一個有趣的實驗。這個實驗是，當客人試吃果醬後，買一罐果醬，就便宜一塊美金。在平時只陳列新商品的貨架上擺六罐和擺十二罐，觀察顧客會有什麼反應。結果，擺十二罐比擺六罐所招來的人潮更多，但是試吃果醬的人數差不多。然而，擺六罐的實際購買率卻比較高。擺六罐的購買率約30％，擺十二罐的購買率則只有3％。

在這個實驗中，貝里．遜威斯教授發現，多重選擇只會讓消費者爲了選擇而費更多的心思，迫使他們乾脆放棄選擇，而即使做了選擇的人，也不會感到太滿足。這樣的例子應用在理財方面，得到的結果也一樣。過多的投資商品或複雜的技巧，反而可能讓人遠離理財，因爲人們感受到壓力。

經濟活動是由無數的選擇和決定組成的。社會越複雜，選擇的機會越多。在利息高的時代，把錢放進銀行儲蓄也是個不錯的抉擇。不管喜歡或不喜歡，現在已經進入接受誘惑的時代。想要領先別人的競爭心理，使我們的眼光停留在複雜的投資世界裡。只爲了多賺幾分錢，有必要做到這種地步嗎？投資要冒風險，選擇變得越來越困難。

重新學習生平第一次聽過的投資術語，領悟獨特的理財技巧，都讓人感到焦慮不安。最後乾脆放棄理財。由於可以選擇的方案很多，不諳理財之道的人，會誤以爲投資最後會有好的結果，而認爲賺錢要靠運氣，最後才發現，眞正賺錢的人，與七分靠運氣、三分靠努力的人做法類似，因爲他們用你意想不到的簡單方法進行投資。

簡單投資形成一股風潮

只要掌握幾種簡單的投資法則和簡單的習慣，就足以成為富翁。費盡心思尋找投資祕訣，只會浪費唯一一次的生命。腦袋裡複雜的理財知識，十種有八種會混淆判斷。

許多專家提出的理財之道，都是朝著讓投資更穩定的方向發展。預估以後將成爲簡單投資的時代。間接投資的商品中，幸好有基金。以2005年初上市的房產拍賣基金爲例子。

房產拍賣基金，是透過投資法院的房屋拍賣（包含政府公標公定價格的房地產）獲得利潤，再把這些利潤分給投資人。一般投資者購買這種基金，可以獲得和參與法院拍賣所獲得的利潤相等。拍賣的高利潤，成爲投資者最關心的領域之一。

直接拍賣要辦理各種手續，如查每間法院的拍賣、參與拍賣等，耗時又費事。若不是全職的拍賣投資者，連要參加大學、教育機構所辦的拍賣講座都很難。即使認眞地閱讀拍賣的相關書籍，也只能看到當時的情況。筆者雖然曾經讀過許多關於拍賣的書籍，但其實沒什麼內容。

採取共同經營方式的基礎建設基金，是把一般投資家的資金組合起來，投資在民營產業，這種基金於2005年獲准成立。個人也可以以基金投資者的身分參與投資造橋、造公路等基礎建設產業。

個人投資者可以一起參與過去只有大資本家才能作的投資，並且平分利潤。對於房地產基金或船舶基金等，以及其他基金所展現出來的基金投資世界不了解的人，也能享受同等的投資成果。就投資者而言，基金種類越多，投資越方便、越簡單。如果支持政府所建立的制度，那麼只要是能變成錢的所有商品，就都可以成爲基金標的。現在擴大到實物產業，說不定以後會出現人力產業基金，如投資擁有卓越能力的人才的潛力。

如此一來，投資者只要判斷錢往哪邊去，就買那邊的基金就好了。例如想投資股票市場卻不了解股項，就投資隨著市場波動的指數基金或ETF（Exchange Traded Funds，即「指數股票型證券投資信託基金」，簡稱「指數股票型基金」）。

最近像旋風式一樣地掀起風潮的定期定額基金，是典型簡單投資的代表性商

品。定期定額基金就是平均成本投資法（Dollar Cost Averaging）。華倫・巴菲特（Warren Buffett）的老師班澤明・格雷恩說：「一般的投資者可以選擇的投資方法中，定額投資是較有利的投資法則。」因爲簡單方便。每個月用固定金額作週期性地長期投資基金、績優股。每個月在固定的日子裡用薪水中的固定金額來投資，沒有比這個更簡單的投資方法。雖然以後還要觀察基金的盈利率，最少要投資三年，或者更長，但這比起用自己的能力投資更具有信用。班澤明・格雷恩說：「每個月買進的金額雖然少，但是經過十年或二十年，所回收的效益將令人驚訝。」這種投資就只是每天單純地繳錢。

以後的時代一定會成爲簡單投資的時代，而那個時代最厲害的投資者，可能不是專精理財的專家，而是專精於雜學的一般民衆。不要只關心股票、經濟動向，也要關心時事、運動、娛樂、文化等，多與人交流，才有助於投資。換句話說，熱誠地享受人生的人賺大錢的時代即將來臨。

日本著名的精神分析學者和田秀樹說：「以多方面知識爲基礎，在某個大領域下能夠做一般性判斷的時代即將來臨了。」

從另外一個角度來看，一般投資者要贏過專門家很難。所有的投資過程都要一手包辦的短期投資者，無法成爲成功的投資者。他們要在數百種、數千種股項中，選擇能達到最高盈利的股項，決定什麼時候買進、賣出，還要決定買進多少、賣出多少，所有的過程都要自己決定，壓力很大。

事實上，只要幾種簡單的投資法則和簡單的理財習慣，就能夠成爲富翁。費盡心思地尋找投資祕訣，只會浪費唯一一次的生命。腦袋裡的複雜理財知識，十種有八種容易混淆判斷。對投資而言，各種新式的商品和技巧，只會增加選擇的項目，提高投資者做錯誤選擇的機率。

《一切從減》（《Simplify your life》）的作者維納．堤契．區斯坦（Werner Tiki Kstenmacher）和羅塔爾．塞維特（Lothar J. Seiwert），把生活簡單化定義爲輕鬆地生活。多數人的思考太複雜了，所以沒找到生活的意義。賺錢也一樣。撇開簡單賺錢的途徑，老是關心既難且複雜的方法，根本不可能致富。

付點錢，把複雜的事委託專家吧！爲了開好車，並不需要學習裝備技術，也不需要學習製造車子的原理。關心賺錢的你，只要按照簡單的投資法則和簡單的投資習慣去實踐，那麼時間將讓你成爲富翁。

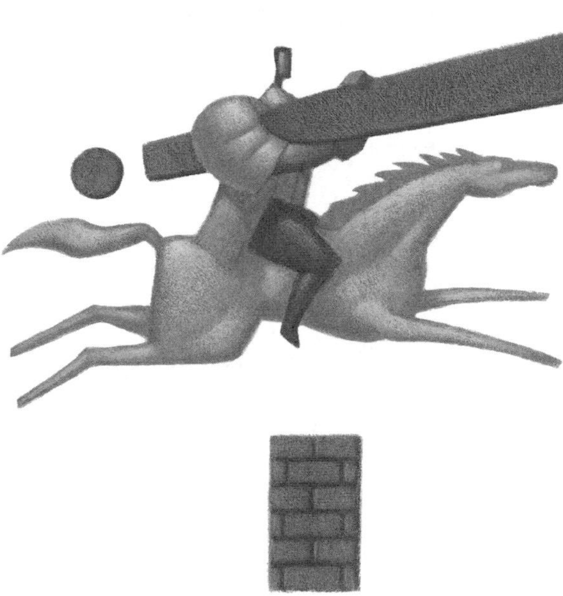

2 獨自創造成功的神話

製造富翁的真正受惠者是誰

對於富，要有自己的標準

製造富翁的真正受惠者是誰

不管是炒股票高手或房地產高手，只要金錢遊戲一結束，就又會回到自己的工作空間或休息室。他們不是在公司裡賺錢，就是坐在休息室休息，冷靜地等待股市再次展開戰火。一般投資者不知道他們的習性，還一味地研究他們華麗的技巧，結果失去了寶貴的金錢和時間。

1850年代，美國加州所掀起的黃金熱潮，賺錢的人不是採礦的礦工，而是穿著牛仔褲的販賣員。而在韓國國內興起寶物船打撈熱潮時，賺錢的人是動作迅速的股票投資者。那麼製造富翁的眞正受惠者是誰？美國尼克森總統說：「談關於『快速致富』的書籍而成爲富翁的人，只有作者一個人。」對於因爲水門事件而聞名於世的尼克森總統的這段話，讓人心有戚戚焉。

《富爸爸窮爸爸》（《Rich Dad Poor Dad》）暢銷書的韓文版是在2000年初出版的。之後，有富翁字眼的書，就如同雨後春筍般不斷湧現，掀起了「賺十億韓元」熱潮。書店裡有富翁和十億字眼的書多得不可計數。

出版社當然不會毫無理由地出版那麼多致富的書，而是因爲市場有大量的需求所致。以2000年爲基準，理財的話題並不熱門。1997年，金融風暴的前兩年，筆者在《ROI》理財雜誌裡面當記者。雖然現在沒有一本像樣的理財雜誌，但那時對於理財雜誌更是陌生，而且當時定期閱讀理財雜誌的讀者並不多。經歷1997年的金融風暴後，名譽退休和提早退休變成普遍的現象，因此人們把錢看得更重。

於是，出版界看準這種現象，出版許多理財專書，甚至請許多致富的讀者當作者出書，因爲經驗談可以成爲減少錯誤投資的依據。問題在於，那樣的作者出現，就意味著讀者的理財知識普遍提升，或賺進來的錢眞的增加了嗎？

很多讀者沉溺在理財作者和賺錢高手的華麗知識和技巧裡而無法自拔，整天做發財的白日夢。有的讀者則正好相反，對複雜的投資理論和尖端的金融商品感到頭疼，開始排斥任何與理財有關的資訊。

提倡簡單投資爲最佳投資法的約翰．鮑格爾（John Bogle），揭開成功的基金經理人的眞面目。投資戰略複雜的基金經理人，大致上依據複雜的資產管理法，他們爲了搭上各種技巧和流行的便車，不斷地更換投資組合。問題是，用盡各種

妖術般的怪招，卻還是無法超越市場平均盈利率。

根據約翰・鮑格爾所言，最近十五年美國境內還在營運的基金約有二百八十七個，其中只有四十二個基金超過市盈率，也就說足足有二百四十五個基金用盡了各種方法結果卻失敗了。

諾貝爾獎經濟學得獎主波沙木爾森曾經說過：「經濟學者、牧師也沒有幫投資者擊中核心。」即使自稱爲眞正高手的人，也絕對不會先幫別人賺比自己更多的錢，因爲人的欲望是無窮的，如果你期待那樣的高手幫你賺錢，那你乾脆去向得道的高僧問賺錢的方法說不定更有用。

不過，世界上最愚蠢的事情，就是經常怪理財、怪人生、怪別人或是盲目跟從別人。這樣的人不可能會成功，也不會有什麼發展。

事實上，不管是炒股票高手或房地產高手，只要金錢遊戲一結束，就又會回到自己的工作空間或休息室。他們不是在公司裡賺錢，就是坐在休息室休息，冷靜地等待股市再次展開戰火。一般投資者不知道他們的習性，還一味地研究他們華麗的技巧，結果失去了寶貴的金錢和時間。

對於富，要有自己的標準

每個人認定富有的標準不一樣，是主觀的。把別人富有的標準硬套在自己身上，只會徒增痛苦。拿起筆來，把以後你所想要成為富翁的標準寫下來吧！

現在到了應該反省自己的標準的時候了，是要盲目地跟從別人？或者你覺得有多少錢才是富翁？十億韓元、二十億韓元或一百億韓元？眞的需要這麼多錢嗎？不過，提出十億韓元標準的理財專家，當然有他們的理論根據。

有那樣的錢，就能一直保存本金，也不會影響生活的基本開銷。若年利息5%，則每個月約有四百萬可用。當然那是指繳稅前的情況，實際上所得到的利息錢可能會更少。這是根據「只要維持一定的利息，即使沒有薪水或其他所得，也能夠維持生計」的算法。

那麼，眞的所有人都以十億爲標準嗎？並非如此。有的人可能認爲要比十億更多才是富翁，也可能有人認爲要比十億多更多的錢才能維持生計。當然，有的人可能認爲只要接近十億就是富翁了。

不過，同樣是十億，對於薪水會不斷成長的二十來歲年輕人，和對於即將退休的人而言，價值不太一樣；對於住在消費高的都市人，和住在房價便宜、消費低的鄉下人而言，價值也不一樣。同理，每個人對富翁的認定標準也不同。把別人富有的標準硬套在自己身上，只會徒增痛苦。即使不是富翁，也可以過得很幸福。錢多當然好，但也不一定需要那麼多錢。琳梅內·阿梅濃卡曾經說過：「重要的是經濟穩定感，而不是多麼有錢的富翁。」

富翁的標準是主觀的。如果沒有想要成爲著名的大富翁，每個人都可以成爲富翁，只要下定決心就可以完成目標。慾望減低，富有的標準相對地也會減低。所以最好冷靜地思考一下：我眞的想要成爲富翁，或者只是被虛榮心所驅使？

《從年輕的時代開始》（《The Monthly Fod Investment guide for teens》）一書中，提出了幸福的公式：幸福＝現實／期待值。期待值越低，越幸福；現實越高，越幸福。現實越差，又老是好高騖遠，只會變得越來越不幸福。特別是幸福的重要因素，錢的標準，更是如此。這句話的意思是說，錢多不一定幸福。拿起筆來，把以後你所想的富翁標準，以及自己想要成爲富翁的標準寫下來。萬一計算的結果不是像別人一樣需要十億韓元，而只需要五億韓元，那麼你成爲富翁的期間就縮短了一半。只要減少一億韓元，那麼成爲富翁的期間也會再縮短。

經濟學家凱因斯說：「執著於當成財產的錢，和喜愛人生幸福而當成現實生活工具的錢是不一樣的。前者近似犯罪和疾病，應該接受精神治療。」主要以大資產家爲服務對象的銀行職員說：「受到成爲富翁熱潮和十億熱潮影響的人很多，但是用正當的手段卻很難達成目標。不正確的理財風潮使很多人遭遇挫折，使人陷入要趕快賺錢的沉重狀態，甚至認爲賺不到錢人生就會變得糟糕。」

成功的人所提出的投資理論與其獨到的成功經驗談，眞的能讓我們都變成富翁嗎？答案當然是可能。不過，不想比別人落後的壓迫感，是否經常讓我們不幸。簡單的投資習慣和投資法則也能讓人賺錢，成爲富翁。帶著希望前進吧！

3 賺錢不是特技

「控制—預防—提高—挖掘」法則
確認自己擁有的資產
五種賺錢的核心資產
養成賺錢的好習慣，並持之以恆

「控制—預防—提高—挖掘」法則

富翁通常不會忽視「控制—預防—提高—挖掘」法則。我相信很多人都了解「控制—預防—提高—挖掘」法則。問題是，雖然了解，卻不重視，也不會去實踐。切記此原則就是賺錢，不實踐此原則，就是遠離錢。

根據採訪經驗，我整理出理財的基本原則，亦即「控制—預防—提高—挖掘」法則。所有的理財都是依據此原則來實踐的。筆者認爲沒有一種理財方式能擺脫此原則。換句話說，只要按照簡單法則實踐，總有一天會你就可以變成富翁。

支出	自發性的支出	→	控制
	非自發性的支出	→	預防
收入	現在實現收入	→	提高
	未來潛在收入	→	挖掘

錢是流通的，所以錢的去處很重要。個人的錢的流向，包括收入（所得）和支出（消費）。賺多少，花多少，決定了個人的財務狀況。只要支出縮減到最小，

收入增加到最大，財務就不會出現赤字。有些人能夠累積最大的財產，就是因爲實踐了支出縮減到最少和收入增加到最大的緣故。

支出大致上可分爲「自發性的支出」和「非自發性的支出」。自發性的支出是指由自己決定，出於自發性的支出，如衝動性購物、過度消費等。只要調整消費觀和生活型態，就能大幅減少自發性的支出。反之，非自發性的支出是指本人不想要卻必須支出的錢。例如看醫生的醫藥費，就是非自發性的支出。自發性的支出需要靠意志力和習慣來控制；非自發性的支出則須通過保險、存款、風險管理來做事前準備。

沒有人不知道要減少支出，但要減少多少支出，則因個人的價值觀而異。

收入方面，建議採取「提高—挖掘」法則。該法則所能獲得的所得，可以分爲「現在實現所得」和「未來潛在所得」兩種。所謂現在實現所得，就是指現在的薪水。很多上班族不斷充實自己、開發自我，都是爲了提高所得，也是屬於錢的四種流向中的一部分。

現在實現所得不充裕或提高現在實現所得有困難時，必須對挖掘未來潛在所得做努力。未來潛在所得可通過兼差、跳槽等，增加與現在實現所得無關的額外

所得。

富翁通常不會忽視「控制─預防─提高─挖掘」法則。我相信很多人都了解「控制─預防─提高─挖掘」法則。問題是，雖然了解，卻不重視，也不會去實踐。

切記此原則就是賺錢，不實踐此原則，就是遠離錢。

確認自己擁有的資產

要成為富翁，就要依照你所擁有的本錢及擴充策略來決勝負，所以要知道創造財富的資產是什麼，並確認自己確實擁有的資產。

以下是創造所得的清單。在這個清單中，確認一下你所擁有的資產。

· 物質財產：錢、土地、古董、貴金屬、原料 □

· 勞動能力：肉體與精神方面的健康、知識、技術 □

· 時間：年輕、分配時間的能力 □

．習慣：自制力、節儉、誠實、正直、責任感、溝通能力 □
．人際網絡：家族、朋友、專家、各種輿論媒體 □

筆者在理財領域進行採訪時發現，創造富翁的並不是擁有好的股票和好的房地產。現在四十萬元的三星電子股票，在兩、三年前才十五萬，每個人都買得起。還有在江南區的房地產，曾經只要辦貸款，也可以不花一分自己的錢就買得到。問題是，那些都不是理財的最佳商品，更重要的是，要具備抓住投資機會的見識。

高速公路是捷徑，但有些人可能會因爲在途中發生交通事故而延誤行程。事實上，致富的關鍵不在於導引人的交通道路，而在於駕駛人。駕駛人的駕駛能力，相當於賺錢能力。駕駛能力是由平常的練習和經驗所累積的，致富的關鍵則由擁有多少致富的資產及如何擴充資產來決定。

因此，最重要的是，要領悟到創造財富的資產是什麼，能夠增加多少財富。那麼現在就來了解一下哪些是賺到的錢，以及人們以多少資產來賺錢。

五種賺錢的核心資產

筆者曾經開闢一個理財專欄，當時有位女士來信說，每個月只有150萬韓元的薪水，又要養活一家四口，到底怎樣才能存到錢呢？

事實上，「生活困苦」的基準不在於收入的多寡。有些人錢賺得雖少，卻能存到錢。針對這類的問題，我決定先探討賺錢的五大資本。

（1）核心資產的第一要素：資本

生產的三要素爲資本、土地和勞動，賺錢就是一種生產活動，而要賺錢，就要注意生產活動的必須要素。資本就是錢，可以把它連想成「錢滾錢」。例如把錢存放在銀行生利息，或借給別人生利息。以理財的角度來分析，存款、股票、債券等，都是理財的零件。

很多理財書和資產管理專家都在鼓吹以錢滾錢的循環結構，這點也是筆者要特別強調的。過去的高利息時代，把錢存放在銀行，靠銀行利息生活的人，就是所謂的利息生活者、資本家。高利息時代，賺錢的代表性型態就是放高利貸。即使借錢給親近的朋友，年利率也有20％或25％。

沒有存款的人，在資本這個階段很難操作，所以要先考慮存錢。在資本階段，爲了以錢滾錢，首先要做的事情是，擬定創造本金的計畫，否則等於是放棄賺錢的三大要素之一。

錢就像磁鐵的磁性，有彼此互相吸引的力量。證券理論家兼鄉村醫生朴慶哲院長說：「基本上，財富不只會自我發展，還會自我膨脹、自我防禦。」財富具有向心力，會吸取周邊的財富。因此，我們要做的事，就是盡早把本金聚集起來，並將害怕孤獨的錢吸過來。

（2）核心資產的第二要素：土地

賺錢的核心資產第二要素是土地。房地產是由土地和建築物構成的，沒有土地就無法建造建築物，決定大樓受歡迎程度的眞正基準也在於土地。

土地在理財領域方面佔有很重要的地位。因爲土地是解決人類衣食住行當中最重要的兩個要素。土地可以生產糧食，同時還提供人類舒適的居住空間。即使

在偏遠鄉村只有幾坪便宜的土地，也會讓人心裡覺得踏實。人類最後回到的地方也是土地。因此，分析理財之道時，絕對不可以把土地排除在外。土地當然是賺錢的重要要素之一。

不過，沒有資金，就不可能投資房地產。專家所說的槓桿效果（leverage effect，利用借錢來投資）和共同投資等，利用較少的錢來投資的情況，則不在接下來的論述之列。

在這個領域裡，首先要做的事是，購置屬於自己的房地產。在正式投資不動產以前，要先購屋。特別是在韓國，至今這種論點還是不二法門。

之前說過，沒有錢的人要先存錢。存錢的方法之一是，購買登記在自己名下的房子。具體的行動則是，加入長期購屋存款。購屋後，能做的事情很多。

（3）核心資產的第三要素：勞動

進入利息超低的時代，要找到適合的投資商品並不容易。這意味著透過資本、土地購築錢滾錢的結構變得越來越困難，這也意味著勞動的價值相對地提高了。

換句話說，月薪二百萬的上班族，就像運作一個年產量爲二千四百萬的工廠一樣。這也就好像把四億八千萬的本金存放在利率爲5％的銀行存款，錢工廠就開始運作了。上班族每年加薪5％的薪水，則像利息製造機。

事實上，在理財方面，勞動力非常重要。逛書店的時候，可以很容易看到關於潛能開發的書籍，而那些書籍所談論的都是勞動價值。例如說話技巧、表達能力等，都在此範疇。潛能開發的書籍絕對不退流行，而且相當暢銷。

上班族在下班後準備證照考試、學習外文，爲的是提高自己的身價和勞動價值，避免被公司裁員。潛能開發專家建議，用所得的10％開發自己。若生活充裕，更要多做這方面的投資。例如薪資爲一百萬韓元，就拿十萬韓元來投資自己。

不過，花時間並不一定能提高勞動價值。位置好的房地產的價格，因物以稀爲貴的原則而上漲，勞動的價值同樣也依循物以稀爲貴的原則，所以從事專門領域和難度較高的事的人，錢賺得比較多。潛能開發也是依循同樣的原理。

對於沒有投資資金，卻必須要多賺點錢的人而言，勞動階段很重要。有的人甚至會在正職之外兼差、打工，增加收入。

每天多工作三小時，一天增加一萬韓元的收入，那麼一個月就可以增加三十萬韓元。三十萬韓元等於把一億韓元放進銀行生利息一樣。假設一年三百六十萬韓元的收入是存款利息，那麼等於是把本金七千二百萬韓元的本金，存放到利率爲5％的銀行定期存款。這筆利息再扣除所得稅，約等於存放一億韓元左右的利息。如果想向銀行貸款一億韓元投資房地產，貸款的利息就可以透過兼差的方式來解決。

接著來假設更具體的情況。如果你們擁有的房子能夠用抵押的方式貸款五千萬韓元，期間爲一年，貸款利率爲7％，那麼就是三百五十萬韓元。如果有一份每天能賺得一萬韓元的兼差，就可以不用因爲擔心無法付利息而不能投資價格會上漲的土地了。這並不是鼓勵大家做投機投資，也不是提出以擁有一棟公寓爲最低標準的理論。只是想告訴沒房子的人，在購買房屋所貸款的利息，可透過兼差來繳付。

肉體勞動看起來是最原始、最辛苦的，做起來卻最容易的也是工作。即使沒有大學畢業，即使只會簡單的算術能力、基礎英語能力，也可以找到三小時一萬韓元的兼差。

另外，還可以獲得金錢無法換取的心靈價值，亦即感受到工作的意義。認真工作後所獲得的喜悅，是用金錢買不到的。無論是知性方面的勞動，還是肉體上的勞動；無論是白領階級的勞動，還是藍領階級的勞動，身體一定要健康。身體不健康，對於沒有資金投資的人而言，就像失去立足之地。請注意看看周遭賺錢的人，幾乎沒有不健康的人。而在性格方面，他們多半是活潑開朗，對每件事都充滿了慾望，身心健全的。

其他兩種重要的資產是「時間」和「習慣」

真理往往是簡單的。優秀的足球選手能成功，是因為長期間流著汗水做練習。成功的公式也是簡單的。有錢人長期養成存錢、賺錢的習慣，而且那些習慣並不是一般人學不到的複雜、困難的習慣。

把前面所提及的資本、土地、勞動等三大資產發展到最大所做的努力，就是致富的過程。實際上，富翁都擁有這三大資產，而且他們還擁有別人所忽視的另

外兩大重要資產。這兩大資產其實很簡單，是任何人都可以得到的，就是「時間」和「習慣」。

摒除中樂透、一夜致富的情況，接著要談的是賺錢所需的時間。暴發戶容易因揮霍而恢復原本的境況。根據美國調查顯示，中樂透的人，70％在三年內就會把獎金花光。他們之所以不能守住財產，是因爲沒有培養出富翁的生活態度。這並不是說擁有好的理財習慣就可以成爲富翁，而是因爲他們沒有當過富翁，所以不知道如何管理資產，或是應該養成什麼樣的習慣。最後，不只失去了金錢，也失去了時間。

因此，許多富豪非常重視子女的經濟教育。要成爲富翁，首先就要養成理財的習慣。那麼，時間、習慣和簡單投資、賺錢的道理，到底有什麼關係呢？

時間養成習慣，習慣是簡單的。某個電視廣告中有這樣的廣告場面，問功課好的學生是怎樣讀書的，資優生回答：「就是這樣讀的。」這句話的含意是，持續不斷地努力，養成習慣，就會有好成績。這讓期待聽到某種祕訣的學生大爲失望。

眞理往往是簡單的。優秀的足球選手能成功，是因爲長期間流著汗水做練習。成功的公式也是簡單的。大部分的富翁都把時間當成後盾。一夕致富的人很少，同樣的，一夜之間變成窮人的人也不多。

富翁具有存錢的好習慣，多和他們接觸，就能體會到眞理其實是簡單的，是超越時間和空間的。人們所創造的財富也不例外。

養成賺錢的好習慣，並持之以恆

只要養成賺錢的好習慣，就不必再特別費心實踐這個習慣。就像小孩子學走路一樣。只要透過練習，變成習慣，錢也會變得堅固。

習慣是在不知不覺中養成的行動和思考模式。壞的習慣不可能變成好習慣，而別人的好習慣則是可以藉著刻意地模仿和反覆練習養成。

以抽菸爲例。抽菸是一種習慣。習慣無論好壞，只要養成，它所呈現出來的型態就是反覆、簡單的。抽菸是一種反射性的動作。睡醒一根、飯後一根，遭上司責罵也一根。它是習慣性的，沒有什麼特別的理由，而且具有反覆的特性。

抽菸對理財沒有幫助。根據美國俄亥俄州立大學的研究結果顯示，不抽菸的人，財產比每天抽一盒以下的抽菸者多50％。比每天抽一盒以上的人的財產多兩倍。更有趣的是，抽菸和不抽菸的人，財產差異幾乎和所花掉的香菸錢差不多。以韓國的方式來計算，一盒兩韓元，每天一盒，一個月就要花六萬韓元。一年七十二萬韓元，十年七百二十萬韓元，二十年一千一百四十萬韓元。這種算法只算本金，不算把香菸錢放進銀行存款所產生的利息。抽菸的時間和財產之間到底有什麼關係呢？研究小組提出警告，抽菸的人繼續抽菸，財產會和不抽菸的人每年差4％。

賺錢的習慣也是習慣成自然的。只要養成賺錢的好習慣，就不必再特別費心實踐這個習慣。就像小孩子學走路一樣。只要透過練習，變成習慣，錢也會變得堅固。

培養某種習慣需要花掉一定的時間。日本暢銷書作家和田秀樹曾說：「要成爲博學的窮酸漢，還是成爲博學的富翁，關鍵在於實踐。」接著，剩下的階段就是簡單投資。這不只是口號，而是要身體力行。

記住第二章的內容，盡可能簡單管理，然後從月薪中撥出一定的額數，試著投資第三章的商品，養成所需的理財習慣。只要開始投資，就表示簡單的投資、毫無壓力的理財開始了。更令人驚訝的是，原本毫不關心的商品，一旦自己的錢投資進去，就會開始變得關心了。就像收到情書後，不管喜歡或不喜歡，都會變得開始在意對方。

第二章 輕鬆理財十法則

1

前章談論的是富翁和理財專家的理財公式，並選出富翁在理財、生活方面的共通點和不同點，進行條理分析和綜合整理。而且盡可能地把這些特點簡單化，歸納成十個簡單的項目。複雜的理財技巧，對於賺錢沒有幫助。

本章則介紹輕鬆理財的法則，只要學會這些法則，就可以盡情做自己喜歡做的事，好好地享受人生。

「輕鬆理財習慣」自我檢查表

以下是輕鬆理財的十大法則應用在實際生活的自我檢查表。試著以下列各項目，檢視自己在日常生活中培養了何種程度的理財習慣。分數越高，表示理財習慣指數越高，這也意味著你進行簡單投資成功的機率越高。

◆配分

做得非常好（4）；做得好（3）；做得不好（2）；做得非常不好（1）。

□關心理財。

□關心金融界最新上市的商品。

□親朋好友知道我關心理財。

□親朋好友一發現有好的商品出現時，就會立刻告訴我。

□吃飽飯後，習慣各付各的。

□只要一有錢，就會計畫如何運用。

□比起消費，會先想要存款。

□有債務時，就覺得不該存款。

□在街道上行走時，經常會注意房地產仲介所的租屋資訊。

□有時會閱讀關於生活情報的相關雜誌。

□有空時會閱讀關於理財方面的書籍。

□周圍有認識懂得理財的人。

□定期閱讀經濟新聞和雜誌。

□知道要如何搜尋理財、金融商品等相關資訊。

□經常懷疑電視、報紙上大力推薦的商品。

□即使看電視購物頻道也不訂購。

□投資金融商品時，一定先留意注意事項。

□認爲投資是自己的責任。

□再怎麼好的投資商品，也不做集中投資。

□親朋好友勸你投資時，不會立刻投資。

□投資的商品，一定堅持到期滿。

□認爲短時間內不可能發大財。

□不買樂透或其他彩券。

□投資金錢和時間在潛能開發上。

□正在兼差或打工。

□除了薪水以外，有其他紅利所得或利息所得。

□除了自己以外，家人也會提撥薪資來補貼家用。

□若有額外的收入，會遵循法則來管理。

◆評價

112—100分　已經養成習慣，不用刻意理財也可以過得很好。

99—76分　要再多努力一點才能養成習慣。

75—56分　需要努力，請逐一檢視自己不足的地方。

55—28分　從現在開始努力也不算太晚。

第一法則

早場優惠制：競爭者少，可以買進的商品就越多

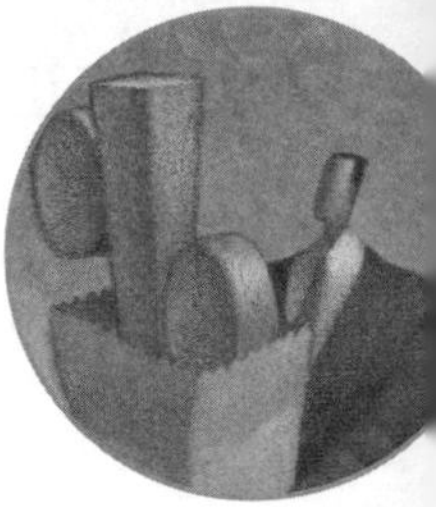

「早場優惠制」是指越早開始理財越有利，競爭者也會越少。理財最好的時間就是現在，越早開始，越能提前成為富翁。

比別人搶先一步開始吧

有各種以低廉價格看電影的方法。最近只要拿出KTF通信公司、SK通信公司、LG通信公司所發行的會員卡，電影票就可以便宜兩千韓元。使用某些信用卡，也可以打折。甚至透過積點數，也可以免費看電影。因此，去電影院花原票價看電影的人只有兩種人，一種是錢多的人，另一種是沒大腦的人。

廉價看電影的傳統方法就是看早場電影，大部分電影院的早場都有優惠，因爲那段時間客人較少。韓國最大的電影院CGV，週末票價爲七千韓元，非假日的票價爲八千韓元，而早場電影的票價卻是四千韓元。看早場電影，比在週末看電影省掉一半的票價。可能是因爲這樣，廉價看電影的節約族不斷地增加，早場也經常人滿爲患。事實上，給一大早看電影的人打折的優惠制度，可以把它應用在理財方面。

這就是凡是早點開始。早點開始，競爭者就會比較少。換句話說，「早場優惠制」的意思，就是說越早開始理財越有利，競爭者也越少。這可謂「少數法則」。爲什麼早點開始理財會較有利呢?因爲理財是以時間來決勝負的金錢遊戲。不開始實踐，再好的法則也沒用。再者，理財的最佳時機就是現在。因爲即使是一樣的商品，一樣的盈利率，越早開始投資，就會越快成爲富翁。

早點開始，大致上可以應用少數法則。競爭者少，是指市場上買進者和需求者少的意思。買進的人少，價格就不得不下跌。競爭少，買進的商品就會越多。事先知道有發展的房地產和證券，在別人還不太關心理財的時候，早點開始的人所獲得的收穫會越大。

一般而言，證照考試也是第一次最容易。第一次考試的試題比較簡單，競爭者也比較少。將這種原理套用在理財上，以金融界所販賣的新商品，即一號商品爲例。新上市的一號商品，是金融公司下最大功夫，爲了獲取最大盈利而做的最大努力。建設公司第一售屋階段，爲了促銷，不會在價格上附加太多利潤。而金融公司爲了可以繼續販賣二號、三號、四號商品，則會在一號商品上給較多的利

潤。

被稱之爲連鎖企業的加盟店也是一樣。大部分的連鎖企業都是直接經營第一家店，盡可能地投資最大的資本，使名聲大噪，這樣第二家、第三家才開得起來，才能募集更多的連鎖店。

遵循「早場優惠制」法則，開始試著理財吧！先尋找競爭不激烈的地方，簡單投資的初步就是一直維持像那樣的狀態，並使之變成習慣。

「懶惰」是理財的天敵

２００４年春天，從一些嘗過賺錢樂趣的高手們那裡經常聽到商品ＬＧ信用卡公司債轉換（ＣＢ）。當然不是在正式的場合宣佈，而是私人聚會時聽到的。這些人當中，有些是對於理財有相當了解的金融界職員，有些是自由投資高手。周圍懂得理財的人，也不斷地反問我這樣的商品沒問題嗎？事實上，他們已經在心中做好了決定，他們對筆者所問的問題根本不在意。不管怎麼樣，筆者當時只是會覺得他們爲什麼會關心這個有問題的商品呢？

當時LG信用卡CB的價格大幅度下跌，買賣價爲六千四百韓元左右，以這個價格買進，扣掉稅金，約可維持年平均爲25％以上的盈利。不過，如果換算成銀行存款利率，約可取得30％的高盈利，即使在無法還清債務的惡劣情況之下，也不會有失去本金的擔憂。

結果就如那些理財高手所推測的，不只是盈利提高了，而且確實也成功賺到錢了。不到一年，他們約提高了兩倍的收入。

當時筆者經常把這樣的訊息撰寫成新聞稿，若讀者或投資者沒有錯過筆者所撰寫的週刊專欄，那麼最少可提高20％—30％的盈利。這是指假設在2004年受到當時所爆發的危機波動的驚嚇，而把它們賣掉，也能得到20％—30％盈利的情況下。

當時，筆者在《今日金融》雜誌的「金錢專欄」談到了「懶惰」對理財的影響，同時具體指出懶惰鬼無法成功的理由。得到好的情報卻不實踐的懶惰鬼很多，懶惰是賺錢的致命傷。非到緊要關頭，懶惰鬼是不會採取行動的，他們總是抱怨：「如果只要排隊，還可以忍受；如果要投資，就要親自到現場去觀察、分析情報，但我實在沒時間呀！」因此，即使告訴他們好的商品，有利可圖，他們也都沒反應。

世上沒有不勞而獲的事情，尤其是錢滾來滾去的競爭市場，沒有人會平白無故地把食物奉上來。想要獲利，就要付出代價。沒到過大樓樣品屋和現場的人，不可能挑選到行情好的大樓。懶惰鬼在賺錢方面，根本就是零分。

富翁喜歡穿夾克是有理由的。除了省錢之外，主要是因爲要像哈巴狗嗅錢一樣到處跑，實地去現場探訪，所以才要穿著輕便的服裝。理財要成功，就要不停地奔走。理財注重的是腳。懶惰是理財的天敵。奉勸懶惰鬼們，簡單的理財沒那麼複雜，簡單的事情是最容易的，跟壓力揮揮手說再見吧！

第二法則

公開法則：據實以告，尋求協助

「公開法則」是指，一旦決心理財，就要據實以告，並尋求協助。例如沒錢就坦白說沒錢。生活勤儉、存錢，絕對不是羞恥的事，多數富翁都是這樣走過來的。

高喊「我要存錢」

理財時的意志力和實踐力雖然重要，還是需要周遭人的協助，因爲賺錢和花錢都與其他人有密切的關係。

溺水的人想要獲救，當然要呼救，理財也是一樣。沒有人協助，就很難成功。

沒錢就坦白地說沒錢，這就是賺錢的路。一旦下定決心理財，就要說：「我決定三年內要存五千萬，這段期間請大家協助我。」這樣，就沒有人會罵你小氣。生活勤儉、儲蓄，絕對不是羞恥的事。沒有不說的理由。富翁也是這樣走過來的。

就像戒菸的時候，向親朋好友宣布，就能得到他們的協助。不過，關於錢的事情，總是比較難開口。有錢的人，不會說自己有錢；沒錢的人，更是怕別人笑而經常打腫臉充胖子。

筆者有位擅長理財、四十幾歲的朋友，他養成了「把賺來的錢儲蓄或投資」的習慣。然而，不久前，有個開公司的親友來找他，向他借錢，但他沒借。只要取回投資的資金和存款，就有錢可以借，但那不是閒錢，所以就拒絕了。他覺得借出去的錢可能會收不回來，只會破壞人際關係。看似對親友刻薄，實際上，他只是對自己的財務狀況坦誠。

美國有位著名的財政顧問舒之．歐曼曾說：「對錢不誠實的人，絕對不可能存錢。」

睡覺的鳥兒沒蟲吃

想要成功地成爲富翁，首先要知道周遭人是醒著的。日本的管理顧問說：

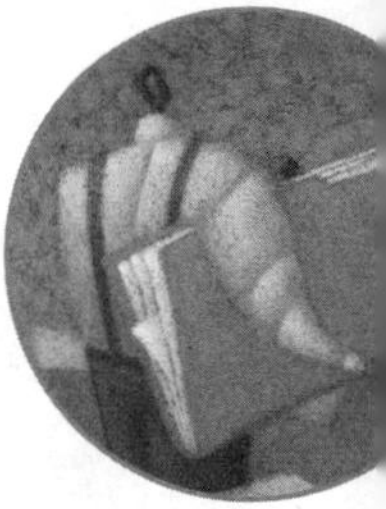

「睡覺的孩子很難叫醒。」對於不關心賺錢的人，沒有必要叫他們共同參與。說難聽點，就是「只有我們知道，只有我們實踐」。也就是說，口渴的人就自己去鑿井取水。仔細檢視就可以發現，因爲無知而遺失掉的錢非常多。

就像很多人只知道要繳稅，卻不懂得怎樣才可以退稅一樣。總之，要先確認隱藏起來的錢到底有多少，不跟對方要求退還，誰也不會自動還錢。

傑出的股票投資家約翰·坦伯頓（John Templeton）也以節儉聞名。重視勤儉生活的他曾說：「絕對不買新的電腦、新的打字機，要買和新的沒兩樣、價格卻比較低廉的二手貨。」他之所以能管理世界上著名的基金，與他的簡單投資法則、勤儉、儲蓄有關。

他說即使在財產超過二十五萬美金時，也沒買超過兩百塊美金的車子。兩百塊美金只是二十五萬美金的0·1%。他一生只開二手車。那麼，根據照坦伯頓的算法，要買一千萬韓元的小型車，就需要一百億。此外，約翰·坦伯頓會把收入的50%存起來，他堅守這樣的原則已經二十幾年了。

約翰·坦伯頓的節約生活法則中，也可以歸納出公開法則。第一，要便宜買東西，一定付現金。第二，獲得該得的利息，不要有給付利息的行爲。第三，告訴周遭人自己很節儉。這就是公開法則。他明白告知周遭的人，對於節省金錢和賺錢，他是醒著的。如此一來，別人只要知道有廉價購物的地方，就會立刻告訴他。

舉個例子，「在職進修」津貼制度，是政府給想要潛能開發的上班族的補助制度，每年補助金額爲一百萬韓元（五年的補助金額在三百萬韓元以下）以下。對於稅務會計、料理、汽車維修、程式設計等課程的學費，一般補助80％，英語、日語等外語的學費補助50％。Excel、Access、Powerpoint等電腦基礎課程，則不需要付學費。即使預繳學費，也可以要求退還。

現在這種優惠制度已擴大到約聘人員、臨時職員、派遣職員等。然而，2004年這一年當中，申請進修補助金的件數只有三萬五千件。根據勞動部的調查顯示，加入雇用保險的人達七百萬人，扣除擁有三百個以上員工的公司之外，還有三、四百萬人可以得到這個補助金。由此可知，除了1％申請補助金的人之外，其他人都是在「沉睡的孩子」。

最理想的理財，就是便宜買進有價值的東西，最好能免費獲取。屬於自己的權利，就要自己去爭取。像約翰·坦伯頓一樣坦誠地生活吧！

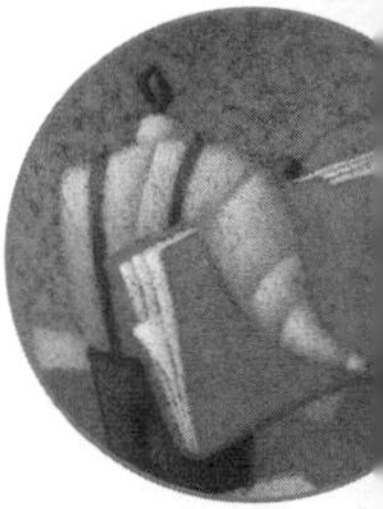

十種理財的最佳生活習慣

如果想告訴別人自己不是沉睡的獅子，那麼平常就要養成有助於理財的習慣。在此探討日常生活中致命的弱點，以及應該實踐的十種習慣。實踐這十種習慣，比學習其他複雜的理財技巧更有效。

（1）先儲蓄，剩下的錢再消費

想買的就買，想花的就花，這種做法根本不能儲蓄。富翁、專家們強調，進入社會後，要堅持把50％以上的薪資存起來，養成先開始儲蓄，剩下的錢再去消費的習慣。消費後剩下的錢再儲蓄，絕對存不到錢。許多年輕的薪水階級富翁，他們隨著薪資比例的不同，財產規模也有所不同。隨著情況和條件的不同，則多少有些差異，然而大致上把50％以上到80％的薪資存起來。額外的收入則大部分存起來，或做投資。

（2）把想買的東西保留二十四小時

想存很多錢，就要提高所得，減少支出，因爲不可能立刻提高薪資。因此，每個月進帳的收入（薪資），應盡可能減少支出，多存一點錢。減低超過基準的消費（過度消費）及衝動的消費（不當的消費），使儉樸的生活態度習慣化。

理財專家提出的建議是「保留二十四小時」，亦即想買的東西忍耐二十四小時後再決定要不要買。這種做法有助於防止因一時衝動而導致的過度、不當的消費。只要延後二十四小時，就可以減低衝動的購買慾。如果不希望有衝動性的購物行爲，請先把要買的東西列出來，然後再去買。如果是很想要的東西，就吞口水，等明天再買。奇妙的是，短短的一天，人的想法就會改變，原本想買的，也會變得不想買了。

（3）把錢放在不好拿的地方

口袋裡的錢不知道什麼時候會不見，要是把錢放進褲子的口袋、皮夾裡等隨手可得的地方，很容易就會花掉。因此，錢盡量放在遠離手的地方，不方便拿，就會懶得花掉。這樣就能減少不必要的開銷。這也是善於理財的人平常不帶現金，而把錢存放在銀行的原因。

比起分店多、提款機到處都有的銀行，分店少、不方便找到的銀行更有助於理財。同理，把錢存放到銀行時，與其寄放在能自由取錢的活期存款，不如存放在必須親自到銀行解約的定存。越方便，花掉的錢越多。反之，越不方便，錢越堅固。不搭計程車，而搭公車或走路，越不方便，錢越堅固。

（4）打破「只有家庭主婦才寫出納簿」的觀念

寫出納簿，可以使支出合理化，並有計畫地處理支出。不寫出納簿，就像企業不寫帳簿、不製作財務報表一樣。家計只是規模小，卻相當於小型企業的財務。出納簿是爲了有計畫地理財所必須的手段。瞧不起出納簿，等於是要企業撤掉管理部、財政部。

三十多歲的上班族尹先生，結婚三年以來，養成寫出納簿的習慣。這個習慣對於掌握支出細目和資金的動向有很大的幫助。本來就很關心理財的尹先生表示，寫出納簿可以更有效率地控制收支，並藉此規畫下個月應該花多少錢，他甚至因此而大幅減少應酬喝酒的開支。尹先生把節省下來的酒錢存到銀行。

出納簿是所有家庭成員都應該要寫的。出納簿是一種日記，如果日記裡蘊含著一個人一生當中最寶貴的價值，那麼出納簿在記錄個人財務狀況方面就具有很大的意義。出納簿不應該專屬於家庭主婦。不是結婚才開始，而要從青少年時期就開始記錄收入和支出的細目，養成配合計畫支出的習慣。如此一來，就算在年輕時就擁有信用卡，也不會輕易陷入金錢誘惑中。卡奴不能只怪經濟不景氣，而要反省是自己對錢的想法不成熟才會發生這種狀況。現在就開始把你的收入和支出記錄下來吧！

（5）隨時把「算便宜點」掛在嘴邊

比起傳統市場，現代人越來越習慣百貨公司和大型超市文化。百貨公司和大型超市當然不能討價還價，可以討價還價的地方越來越少了。許多白手起家的富翁其實比較偏好傳統市場。每個人都有想便宜買到東西的慾望，但重要的是因爲那個地方可以討價還價。透過討價還價便宜買到東西，可以獲得滿足感。雖然討價還價不保證能便宜買到東西，但習慣制式交易方式的現代人，也逐漸將主導權讓給販賣商。事實上，應該是擁有現金的購物者力量更大才對。

平時不太會跟老闆殺價，對方要多少，就給他多少，對這種人而言，絕沒有打折的餘地，沒有人會自動減價。這是讓對方穩當當成爲富翁的道路，相對地自己也離成爲富翁越來越遠。因此，隨時把「算便宜點」掛在嘴邊，效果絕對會超乎你的想像。

（6）關掉剝奪時間和金錢的電視

在商品廣告氾濫的現代，只要不打開電視，就可以避開購買的誘惑。購物頻道的主持人是把我們口袋裡的錢掏光的高手。即使不購物，電視也是剝奪潛能開發的時間、家族之間對話的小偷。不看電視也能維持健康的生活。很多人喜歡一邊看電視，一邊躺著吃零食，不僅影響視力，也影響健康。富翁不喜歡什麼都不做的傻瓜箱子。

（7）早睡早起，維持生活品質與工作效率

利用早上的時間處理業務很有效率，所以上班族都會想早點起床。賴床，要怪熬夜。睡眠不足，當然不能早起。拖到半夜一、兩點才睡覺，錯失了睡眠的最佳時間，有害身體健康。

想早起，就要早睡。老人能在清晨起床，就是因爲晚上八、九點就睡覺的緣故。有些人說現代人很難早起是因爲發明電器的關係。有的人開燈就睡不著，這樣電視也是共犯。

（8）多走路，省錢又健康

現代人不常走路。交通工具發達，使得走路的機會變少了。其中，電梯和電動手扶梯更是主犯。「方便」容易成爲「懶惰」的好朋友，再加上「費用」，就組成了三人組。一天快走三十分鐘以上，是治百病的良藥。晚上走到流汗，也有助於睡眠。養成每天走路的習慣，搭乘地鐵、公車等大衆交通工具，就不會覺得不方便，開銷當然也會減少。

（9）以閱讀代替使用手機

很多人會在地鐵、公車上用手機玩電子遊戲、傳簡訊來打發時間。現在的手機甚至可以看電視。結果，房間裡除了電視以外，又多了一個傻瓜箱子。不過，這種打發時間的方式需要花錢。建議各位以閱讀書籍來代替使用手機。

以勤儉聞名的日本和德國，在地鐵裡看書的人很多。雖然有些人是爲了想學

習才看書的，但我覺得這是因爲他們知道那是打發時間的最節約方法。

（10）常去銀行和房地產仲介所走動

富翁常去的地方之一，就是銀行和房地產仲介所。在首爾開餐館的四十歲K先生，路上走累了，就會走進銀行、證券公司或房地產仲介休息，順便打聽最近的行情。並不是要立刻投資，只是利用空餘的時間瀏覽房地產買賣情報。在證券公司的營業場所裡研究人們的動向，自然而然就會跟常去房地產仲介公司的仲介商熟絡。甚至可以依據光臨證券公司的人數多寡，判斷股票的高點和低點，並觀察準備投資的股票的行情。

接著，來歸納一下上述的重點。首先，拿到薪水，把要儲蓄的錢扣掉，把錢存到領錢不方便的金融商品或銀行。剩下的錢，不要立刻花掉，把購物的日期延後二十四小時。若非買不可，記得要求算便宜點。另外，把所有的開銷記錄在出納簿上。想成爲富有的人，請以閱讀書籍來代替使用手機，並仔細地觀察能蒐集情報的銀行、證券公司。再者，以走路代替搭車，不看電視，早睡早起。看起來很簡單，卻是善於理財的人的基礎生活模型。富翁通常會堅守這些習慣。

第三法則

脫衣法則：存錢有一定的程序

「脫衣法則」談的是關於錢的問題。人們脫衣服時，會先脫外衣，內衣最後才脫。就像脫衣服的原則一樣，眼睛看得到的先處理，不確實的內容擺到之後再處理。釐清事情的先後次序，這點非常重要。

擺脫「債務—存款—消費」的模式

就好像脫衣服的順序一樣，從眼睛所看到的外衣開始脫起，然後按照順序一件一件地把衣服脫掉，眼睛看不到的內衣最後才脫，理財也有順序。

眼睛看得到的先處理，不確實的內容擺到以後再處理。換句話說，脫衣法則也可以應用在理財上。理財時要經常考慮順序的問題。來假設以下極端的情況。萬一某個人中了樂透，那麼他首先應該做的事情是什麼？首爾江南地區的房地產好像是個不錯的投資地點，或者投資股票市場和科技股票，好像也是不錯的選擇。

不過，根據美國財政顧問舒之．歐曼的論點，中樂透的人首先應該做的事情是還清債務。雖然投資房地產和績優股是很好的理財方式，但還債卻是總有一天應該要做的事情，而且是緊迫又重要的事。沒有比還債更保險的了。因此，即使中了樂透，也要先把房屋貸款和信用卡債務還清。

富翁通常不買彩券。彩券多是一般人會購買的，所以他們大部分處於負債的可能性很大。負債時會一心想要趕快還清債務，等到眞的有錢，順序卻會顚倒過來。這就是沒有考慮到理財的先後順序。

因此，很多中樂透的人在拿到獎金後沒多久，又會回到原來的生活。等到眞的得到一大筆錢，又想要賺更大筆的錢時，已經又陷入投機、賭博的泥淖中。錢多到用不完，這句話只適用在眞正有錢的人身上。錢總有一天會見底，所以才會出現「富不過三代」的諺語。錯誤的理財習慣、違反脫衣法則的行爲，將耗盡所有的財產。

年輕的K小姐，以五年內買房子爲目標而儲蓄。雖然想結婚，卻又覺得單身也不錯，所以計畫購買屬於自己的房子。她加入固定利息爲6%的存款，至今已經過了兩年。每個月存一百萬，現在已經存了二千四百萬韓元。然而，因爲工作的關係，需要買車。她跟銀行貸款買車，約花掉一千五百萬韓元。她是利用個人

信用貸款的方式跟銀行借錢，爲的是一有錢就可以還債。她的做法是對的嗎？很可惜，K小姐脫錯衣服了，因爲貸款的利息是11％。存款的利息最多只有6％，而爲了買車的個人信用貸款利息，幾乎比存款利息高出兩倍。她也知道貸款的利息高，但不想動用已經存了二十四個月的存款，結果因爲自己的感情用事，承擔了不必要的利息錢。

經濟學者約翰說：「這種現象可以視爲是人在錢上貼標籤。」大部分的人把買車、買房子、旅行、存子女教育基金和養老金等貼上標籤，而忘了思考如何安排順序。比起把錢貼上標籤，更應該重視脫衣法則。

對於沒有房子的人而言，抵押理論真的是福音嗎？

2004年10月，到英國倫敦出差，在一家便利商店翻閱雜誌時，看到關於談論抵押理論的雜誌。令人驚訝的是，在那麼小的便利商店內，就有三種關於抵押理論的雜誌。這些雜誌都刊登了金融公司的抵押貸款利息比較表，以及如何利用抵押理論貸款等的資訊。英國幾乎沒有人只用自己的錢買房子，這樣的現象在韓國卻越來越常見。

2004年3月開始推行的韓國住宅金融公社的抵押貸款，每個人平均可貸款6965萬韓元。2005年配合首都圈板橋新都市的銷售而延後購屋的實際購屋者，大多數利用抵押貸款。從2005年度開始，抵押貸款可以貸款到三億韓元（以前是二億韓元）。因此，韓國人對於擁有自己房子的概念已經非常穩固了，抵押貸款反而比西歐國家推行得更好。

那麼根據脫衣法則，要怎麼處理抵押貸款？要趕快脫掉，或者是要最後脫掉？抵押貸款終究是負債，是否要趕快還清呢？

當然不是，因爲它有扣繳稅金的功能。因爲利息低，所以長期來看是有幫助的。當然，還是有專家認爲應該趕快還清，因爲抵押貸款是屬於總有一天要還清的債務。

美國個人財政顧問瑞克·艾得蒙（Ric Edelman）對於抵押理論提出了這樣的主張：在越缺乏現金、收入不穩定的情況下，貸款的金額越高、償還的日期越長越有利。這樣的主張和一般的主張，即盡量不要欠債，就算有債務也要盡快還清

的認知相反。

瑞克．艾得蒙以兩位民衆的情況爲例來說明。這兩人在貸款期間遭到公司裁員。其中一位，貸款的額度較高，償還的日期較長。另外一位，貸款的規模較小，償還的期間較短。當這兩人遭到裁員時，對誰的影響比較大呢？諷刺的是，後者的影響比較大。

貸款的期間拉長，每個月要還的金額少，相對地每個月有剩餘的錢可以儲蓄，即使被裁員，短期內生活費、房屋貸款也可以繼續支付。反之，急著要趕快還清貸款，也沒有其他存款的人被裁員時，基本生活開銷都成問題，更別說是還債了。工作沒了，當然無法再辦理其他貸款。

他更進一步地主張不必害怕貸款的利息。隨著年資，所得也會增加，每個月要繳交的款項，相對地也會變得少，還可以繼續維持所得稅扣繳的優惠。瑞克．艾得蒙說：「與其每個月繳納一大筆錢，不如用那些錢去做投資，這就是致富之路。」

和其他的貸款不一樣，以房屋作抵押的貸款會有不少關於償還期間的苦惱。盡快還清貸款這句話不一定都是對的，抵押貸款和其他的債務不一樣，應該依據每個人所處的條件和狀況來選擇。即使瑞克·艾得蒙的意見是錯的，也有值得參考的地方。償還的期間長，想還清債務的人，就要遵守脫衣法則。延長償還的時間，減低貸款月繳金額，並不是爲了花掉剩下的錢，而是爲了儲蓄。

想離開銀行，辦好存摺再離開

最實在的金融商品當然是銀行的存款。最近低利息氣氛越來越濃厚，銀行和第二金融圈的存款商品，往往被擺在後面。如果考慮到利息低、物價上漲，就沒必要把錢存放在好像會使錢變少的銀行裡，而可以把錢投入投資商品。

金融界有名的專家開始宣傳現在是投資的時代，同時舉出了幾種低利息時代的新投資方式，例如投資績優股、基金或應用定額分期投資的累積式基金，甚至是保險公司所推行的變額保險、國際變額保險等。

當然，不能將所有的財產放進投資商品，這樣風險很高。處於存本金的階段時，即使是利潤高的商品，也不應該投資定額累積式基金。存本金的最大理由，

是爲了準備自己的資產管理。因此，加入的產品，最好是沒有波動的商品最好。

比起投資的樂趣，首先應該了解儲蓄的力量。儲蓄既不是過時的流行歌曲，也不是致富的方法，卻是理財的重要基礎之一。

新婚開始就積極存錢的三十幾歲主婦S女士，已經在市價五億的公寓裡過著甜蜜的生活。她是存款富翁。她不斷地把錢投資在銀行的各種商品上，所以能比別人早一步購買自己的房子。她認爲在存最小的本金時，最好離銀行近一點。

大部分的人對於錢帶著投機的心理，忽略不斷存錢所能發揮的威力，而過於把焦點集中在利潤上。股票就是典型的例子。一般人都認爲長期投資股票是最快獲利的方式，這種投機心理，比起學習管理錢的能力，先學到反而是賒欠，以及因過大的慾望而把周遭人的錢也一起扯進來的盲目理財方式。

事實上，證券公司的職員或資深幹部，就有不少人被錯誤的股票投資態度拖垮，甚至傾家蕩產。這全是他們不務實的理財觀造成的。

因此，存本金時，可以選擇固定利息的存款。不滿意低利息，可以把目標轉向非正式銀行的私人銀行第二金融機構。這些金融機構的高利息、免稅、稅金優待的存款，可以獲得較高的利息。千萬不要因爲期待盈利高，而盲目地把錢投進不實的金融商品上。

許多富豪選擇銀行的固定利息存款，雖然跟當時的利息高有關，但那也是因為拋棄投機心理的緣故。好的理財習慣，應以簡單和確實為優先考量。

第四法則

情報員法則：幫助我賺錢的朋友

「情報員法則」是指周圍有無好的情報員，他們是否能提供有建設性的意見，這將決定你投資的成敗。沒有人能精通所有的領域，也沒有必要那麼做。

投資以前必須先收集情報

偵探和記者有什麼共通點呢？調查事件、在現場逗留、勤做筆記、瀟灑的打扮等，我想大部分的人會這樣回答吧！事實上，偵探和記者的確有很多相似處。光就偵探和記者總是在命案現場相遇這一點就可以知道。偵探的工作主要是調查，記者則是採訪，性質差不多。但是偵探和記者在工作過程中一定需要某些人的幫助。偵探稱他們爲情報員，記者稱他們爲採訪員。他們提供重要線索，並扮演揭開事件謎團的重要角色。

以「偵探、記者身邊有無優秀情報員」當成判斷偵探、記者能力的基準，這點絕不誇張。投資也一樣。身邊是否有好的情報員，將決定你投資的成敗。《偵探和投資人》這本書認爲，偵探、投資者、記者的工作性質差不多，尤其是大家熟悉的著名的偵探夏洛克．福爾摩斯（Sherlock Holmes）和奧古斯都．杜邦（Auguste Dupin）的精神，都是投資者必須學習的。

這本書建議投資者要像名偵探調查事件一樣，調查、蒐集關於投資對象的情報，並進行縝密的分析。在開始投資前，一定要蒐集正確資料和情報。蒐集資料的過程聽起來複雜，其實並不是要你成爲經濟學博士，也不是每個人都可以成爲經濟學博士，當然也沒有必要。複雜的理論和知識不一定對賺錢有幫助。因此，蒐集資料的能力，只要能跟得上時代的腳步就可以了。說得更具體一點，只要不斷地接觸情報員，就可以蒐集情報。

收集情報方法多樣化

每個人都能成爲情報員嗎？情報員可能是富翁、金融機構的職員或理財專家。反正沒有人能精通所有的領域，在各司其職的情況下，最好能有提供賺錢的情報和技巧的人。當然，並非一定要「人」來提供情報。投資相關書籍、財經新

聞、講座、研討會等，都是優秀的情報員。

富翁常看書，這是衆所周知的。他們看的書不一定與賺錢有關。爲什麼呢？因爲書能增廣見聞。視野越廣，賺錢的機會越多。養成閱讀的習慣，尋找能給予幫助的人，聆聽他們的意見。事前的準備及學習，說不定會和錢聯繫起來。中國的諺語「今日的種子是明日的果實」，適用於投資世界。

理財的首位情報員是書。就理財層面而言，沒有比書更廉價的情報員，也沒有情報員像書一樣心地善良願意提供任何人有利的情報。我所認識的某位年輕富翁曾說：「沒有任何一項休閒娛樂像閱讀一樣便宜。」在家裡看錄影帶也要花錢，而且還只有兩小時。打桌球或保齡球，要花更多的錢，但是書不一樣。到圖書館借書，不必花錢，還可以獲得情報，一舉兩得。

我和在京畿道安山經營一家房地產的P先生是老朋友。他經常說自己的學歷不高，但是在三十歲時，就已經累積不少財產。小時候困苦的環境，讓他很早就體會到錢的重要性。不過，眞正幫助他成功的，是閱讀的習慣。爲了維持生計，他接觸房地產的時間很早，書店裡只要是有關房地產的書，他全部都看過。

另外，還要看財經新聞。雖然不是看完新聞就可以成爲有錢人，但卻能培養獨到的見解。除了財經新聞外，網路也是一個非常有力的工具。

跟理財有關的研討會，也可能會成為有用的情報。有些聚會邀請著名的理財專家演講，演講結束後會有茶會，在這樣的場合裡，經常可以聽到平常聽不到見解。二十多歲的K小姐，就經常出現在這樣的研討會。她說：「並不是參加研討會就能賺錢，但是我盡量不缺席，因爲參加研討會，帶給我不少刺激，讓我重新思索『我爲什麼要存錢』、『現在理財的方法對嗎』等的問題，提供再一次反省的機會。」

「房地產仲介所」也是個提供情報的地方。韓國的房地產產仲介所超過七萬個。平時我們經過房地產仲介所時，應該仔細看看貼在窗門的出售、租借情報。當你有疑問或看到感興趣的房子時，就進去詢問想知道的事情。這個方法其實是我自己在當記者時，爲了得到情報，經常使用的方法之一。這比表明身分更容易得到情報。如果跟房地產老闆熟悉，不僅可以比別人搶先一步知道急售房屋的情報，也容易得到其他好的情報。

再者，平時應該常去銀行探聽有什麼新的商品、什麼區域的房價會漲，甚至親自去預售屋參觀等，平時不關心，容易錯過賺錢的機會。其中，我認爲最重要

的是要到現場去，釐清自己的疑問。

一般來說，女人比男人更擅長房地產方面的理財。因爲女人自古就肩負養育孩子的責任，解決居住問題的歷史悠久。但是我覺得還有一個另一個理由，就是女人比較會提問。觀察在陌生道路上開車迷路的男女，就可以明白這個道理了。只要開口一問，就可以知道路，但是男人因爲自尊心作崇，寧願打開地圖研究，也不肯放下身段問路人。從這裡就可以知道女人比男人更具有理財能力。

俗話說：「人生有三次機會。」賺錢也是一樣。大部分的有錢人努力地生活，突然機會來了，他們就抓住那個機會。每個人都有這樣的機會。這就好像不知道公車的路線，在遲疑的瞬間公車就開過去了。機會也是一樣。需要智慧來判斷這到底是不是該抓住的機會。在學習的同時，就抓住賺錢的方法了。

第五法則

逆向思考法則：跟別人想的不一樣才能成功

所謂逆向思考法則，就是你的想法必須和別人不一樣。在大家都知道的有名酒宴上，你所能得到食物一定很少，這是因為大家都蜂擁而至的關係。切記，大家都去做的事情，跟著去做，不太可能獲得利益。

在大家都知道的酒宴上會吃不到東西

2005年初證券公司裡，擠滿了申請購買公開發行股的婦女。這是因爲受到韓國店頭市場景氣好的影響，公開發行股連日大幅上漲，最基本的盈利是兩倍。在正規市場裡只要股票的行市景氣，每天價格不斷上漲，就會引起申購熱潮。問題是，大排長龍的結果（最近網上也可以買賣，不排隊的人也很多）不一定賺錢，因爲已經太多人湧入其中。

每個證券公司申請公開發行股的條件都很嚴苛，接受申請的證券公司數量也有限。即使資格條件符合，在100比1的競爭關係下，落到自己手上的股票數比起實際申請的量也會少得多。舉INFRA VALLY公司的共謀股爲例。當時的競爭率是404·93比1，價格爲八千四百韓元。大部分的投資者都期待兩倍以上的盈利率。當時的盈利率的確是那樣，但每個人能買的數量有限，賺得當然不多。

當大部分的人搞不清楚實際狀況，全部擠進證券公司時，不妨把目光換個方向，關心一下明洞的場外股市市場。募集公開發行股的公告，可以透過網路知道。實際買賣時會發現，場外要一萬一千元韓元才可以買到。雖然比場內每股貴二千六百元韓幣，但是實際的收益卻比場內的投資者高。

A先生透過網路做場外交易，買了一千股。交易的第一天以每股六千三百韓元的價格賣出。全部的收益是六百三十萬韓元。如果當時與證券公司做交易，一千零五十萬韓元只能買三股，即使能賺兩倍，也只賺了二萬五千韓元罷了。

別人都在挖金礦時，就去賣牛仔褲

B先生說：「受到公開發行股的吸引，想要在證券公司申請購買，卻因主辦

的證券公司不是我常做交易的證券公司，再加上競爭率又高，所以選擇了在場外進行買賣。」不過，他最後因此而獲得比預期高的收益。

不要只專注申請購買公開發行股，把眼光轉向其他地方，有時會發現場外股市反而可以確保買到較多的數量，得到更高的收益。

當所有人的眼光都注視著某個地方時，可以預見競爭率一定很高。如果你不是帶著像買彩券（中了最好，不中就算了）的心態，最好轉換個方向，尋找其他可能獲利的區域。

在江南地區做生意的P先生，因房地產而賺了非常多錢。他說：「在大家的雙眼都注視著板橋地區時，投資附近的區域反而可以確保更高的收益。」結果，他因逆向思考而賺了很多錢。他的理論到底對不對，就靠時間來證明了。總之，大家都知道的利益，已經賺不了錢了。

第六法則

玫瑰有刺法則：對於優厚的條件，抱持懷疑的態度

玫瑰有刺法則，就是指凡事要小心。即使自誇是好商品，也不能立刻就投資。人心叵測，在提供良好條件的同時，不利的條件很有可能像玫瑰的刺一樣隱藏著其中。

評估，再評估

美麗的玫瑰有刺的事實，不需要眞的被刺才知道。投資的世界也一樣，應該仔細觀察哪裡隱藏陷阱。人心叵測，往往在提供有利條件的同時，很有可能隱藏著不利的條件。受騙上當的人，通常是因爲只看到有利的條件。

用隱藏在玫瑰花裡的刺來比喻風險非常貼切。一般來說，風險和盈利成正比。以某私人銀行爲例。年利率9％，引起高度注意，而且五年六個月都給予固定的利率，條件極爲優厚。不過，在決定之前，還是要仔細調查這支漂亮的玫瑰花背後是否有刺，世界上沒有白吃的午餐。

這個商品到底隱藏著什麼樣的陷阱呢？評估之後會發現，這是一種後順位的債券商品。如果發行公司的財務狀況出問題，償還本利有困難時，比起其他的債券更難償還債務。換言之，會將錢先給前面順位的債權者，如果沒有剩下，後面的債權者一毛也拿不到。有些經營狀況不良的發行公司，就會以高利率來做誘餌。

後順位這個用語在房地產買賣也使用。就是在拍賣房子時，權利的先後關係。並不是要計較先後順位，而是後順位的人，可能最後會拿不到錢。因爲在權利關係上，他不是優先順位，而是後順位。

最近因爲銀行的利息低，很多專家紛紛把錢領出，挪作其他投資，或者是存在私人銀行裡。因爲利率太低，所以不一定要把錢放在銀行裡。私人銀行比一般銀行的利率高約2％，尤其是釜山、慶南地區的私人銀行，就是以高利率而聞名。而且五千萬元以內受到保護，不必擔心風險。如此一來，私人銀行看似比一般銀行更具有競爭力。不過，這同樣跳脫不了玫瑰有刺法則。

提供有利條件一定是有原因的。私人銀行破產、倒閉的機率比一般銀行高。很多在釜山、慶南一帶的私人銀行，經常出現遇到經營危機而付不出本利的情況。

勤於理財的A先生，在上班時間請假到南部地區的私人銀行存錢，結果卻遭到橫禍。雖然不是他的錯，但是像A先生這樣的投資人，萬一馬上需要錢也拿不回來。幾個月以後即使可以拿回錢來，利息收入也非像當初所約定的，只拿到和一般銀行差不多的利息。如果已經事先知道可能會被刺，還比較不會痛。也就不會沒經過評估就把所有的錢都放在私人銀行。

事實上，在這個低利率的時代，用固定利率來理財的方式已經落伍了。未來個人財產管理的大部分商品，將是投資性產品。

因此，投資人應該要了解投資商品的風險，正視「由本人來承擔投資責任」這句話。這句話並非販賣者爲了規避風險而貼出的標籤。以後本金受到毀損，跑到銀行大吵大鬧也無濟於事。雖然多少會影響銀行的形象，但也會給別人帶來不便。銀行通常會選擇與客戶和解，好像誰的聲音大，誰就贏。但現在是低利率時代，以投資來理財已經是趨勢。如果像以前一樣說：「我不知道，還我錢。」可能會成爲別人的笑柄。

商品販賣者或大衆媒體等情報提供者，應該像自己投資一樣提供正確的資訊。信賴就是生命。隨便介紹商品，強調高利率，這種態度已經過時了。放羊的小孩所說的謊言只能騙人三次。不論是販賣商品的人，還是購買人，都應該誠實。

第七法則

黃金分割法則：分散投資，膨脹後再回流

「黃金分割法則」，亦即不把資金集中投資在某個特定的領域，並按照自己所認為的適當比例進行分散投資。對人們而言，黃金分割和黃金比例是最完美的組合，也最簡便。投資大家華倫·巴菲特提出了這樣的警告，不分散投資而集中投資，就像是把一袋錢全部撒出去，風險非常大。

遵守分散投資的原則

MIRAE ASSET證券的投資教育研究所所長李昌熙，是韓國數一數二的投資教育先驅。五十多歲的姜所長經常提到「黃金分割法則」。他平時就是位令人尊敬的學者，所以說的話值得信賴。

先把金融資產中一、兩個月要用的資金扣除，剩下的資金製成基金投資投資組合，50％投資股票型基金，40％投資債券型基金，10％投資MMF基金，並保存這投資組合。不把資金集中投資在某個特定的領域，並按照自己所認爲的適當比例進行分散投資。當然，分散投資所需要的投資組合因人而異。

有人說，理財的黃金分割比例為「4：3：3」。亦即穩定性資產為40%，攻擊性資產為30%，短期和長期資產為30%。這個比例是可以彈性調整的，因為需要短期資金的人、喜歡長期投資的人和喜歡冒險的人，其投資組合絕對不可能一樣。

姜所長自己的投資投資組合比例則經常遵守「5：4：1」。若股票大漲，就將股票型基金的比重增為60%或70%，再把增加的部分賣掉，減少比例，然後再購買MMF基金和債券型基金。反之，股票下跌時，就減少股票型基金的比重，再把MMF基金和債券型基金所增加的比重賣掉，減少比例，然後再增購股票型基金所減少的比例。這是為了使已發展為有風險的投資組合或發展偏向某一方的投資組合，歸回原來的形態。

在《今日金融》雜誌中，撰寫高水準理財文章的A先生，提出紅利股30%、電子股30%、房地產投資股10%、資源股（環境、能源）10%、資產股10%、現金10%的投資組合。他建議，每個品項內，還要分成數個小項目來投資。因為要預估同樣品項內，何種股項的利潤較高非常困難。

無論錢多或錢少，都要隨時保持不集中投資的想法。分散投資絕對不是富翁

的專利。就算沒錢，誘惑自己的投資還是隨時都會出現。無法拒絕誘惑的人，可能會借錢投資。很多人擺脫不了一夕致富的心態，結果耳根子變得很軟，誤入陷阱而不自知。甚至在看到已經獲利的股票存摺時，還會說：「哎呀，早知道就多放一點！」

因此，即使所有的投資都失敗，東山再起也要在某種特定的水準之下。要養成「即使再好的投資，也不把所有的財產集中投資在同一種金融商品」的習慣。

投資世界經常有一夕致富或一夜變窮的情況。問題是，即使有過一次一夜致富的經驗，突然之間也會變窮。反之，要是養成不集中投資的習慣，那麼即使遇到很大的失敗，也不至於失去全部的財產。

擁有五十億韓元的Y先生，就是屬於「章魚型人類」。他就像章魚一樣，只要能賺錢的地方，就把自己的財產分散投資到各處，所有的領域都只用一支腳去勾。雖然不能把這種投資方法稱之爲科學性的投資，但就是因爲不知道何時何地會發生什麼事，所以才有這種理財方式。誠如他所言，世事難料。

絶對不買自己公司的股票

要是有人說：「上班族犯下的最大錯誤，就是買自己公司的股票。」那麼，身爲上班族的你，會有什麼樣的想法呢？

以具有國際規模的資產家管理公司（例如私人銀行ＰＢ、金融資產管理公司ＦＰ）裡的會員爲調查對象，結果得發現一半以上的資產管理公司職員認爲，買自己公司的股票是非常冒險的事情。他們主張，不購買自己公司的股票，非買不可時，絕對不要超過全部投資組合的15％。理由是，萬一公司財務狀況有問題，股價就會下跌。而且財政有問題的公司，多半會計畫裁員，萬一自己也名列其中，就會變成「工作丟了，投資也失敗了」的狀況。

就風險管理層面而言，工作風險和投資風險最好不要擺在同一方向。雖然公司營運好，股票也會漲，但是公司營運不良時，失敗的風險會變得更高。經濟學教授約翰．納夫辛格表示，在美國全部的４０１Ｋ企業年金資產中，約42％的職員把資金投資在自己的公司，因爲他們了解自己的公司。最能左右人們投資動機的就是「熟悉」，而熟悉所引起的典型問題就是購買自己公司的股票。就分散投資概念來分析，把勞動資本投資在自己公司，又把資金投資在自己公司，風險相當高。

試著觀察周遭的人，不難發現購買自己公司股票的人。那些人多半是因爲熱愛自己的公司，看好公司的前景，才會購買自己公司的股票。每個人都認爲自己比其他人都了解公司。雖然有成功的人，但因爲投資自己公司而帶著債務離開的人卻更多。

分散投資就像「把雞蛋放在不同的籃子裡」的道理一樣。雖然陳腔濫調，卻是很多人在投資時會忽略的原則。

在韓國知名電子公司上班的A先生，不投資自己公司的股票，而投資了勁敵的股票。若遵循此原則，那麼在以出口爲主的企業工作的人，就要購買以內銷爲主的百貨公司和飲料企業的股票，才能減低風險。而公務員等工作較穩定的人，則可以投資風險較大的企業。這些都是分散投資法則，同時又能顧及減輕風險的戰略。

房價下跌時的因應措施

因爲抵押貸款被採用，所以購置自己的房屋變得比以前更容易了。然而，參與政府房地產政策而購房的人並不多。因爲很多人都會擔心房價下跌，甚至希望等到房價下跌再買。那麼，何時能以最便宜的價錢購房呢？這個問題也像股票和債券等其他投資產品一樣，是個很難準確預測的問題。

既然買房子會有下跌的風險，那麼就要通過妥當的方法來分散風險。美國著名的月刊《金錢》（《Money》），歸納出以下預防房屋下跌風險的方法。

第一，購屋時也要投資房地產投資公司商品等間接投資商品。這樣可以預防地區間房地產行情差異所引起的風險。更何況以後的房地產行情趨勢不是全部一起上漲，而可能是以材料和開發可能性較高的區域爲中心，而具有差別性的上升趨勢。

如果很難判斷出首爾、日山市、忠清道等地區的房地產是否有上升趨勢，投資這些地方的房地產的同時，就要加入房地產投資公司商品等間接投資商品，藉此來分散投資。另外，購買以居住爲目的房地產時，要把投資非住宅用途的房地產的房地產投資公司商品或房地產投資基金視爲同一脈絡來探討。

購屋時也請投資債券、股票等其他金融商品。房價下跌，一般債券會上漲，所以購屋時，可以把20％左右的資金投資廉價的優良債券。那麼，即使房價下

跌，債券的上漲也能在某種程度上做好防範措施。就韓國房地產資金和股票資金不斷互相流動的關係來看，購屋時，也可以考慮把剩餘的資金投資在績優股上。

若已經買了房子，在分配投資資產時，就要投資股票等其他性向的商品。買了房子以後，還繼續把資產集中投資公寓、土地、商家等，與分散投資原則是相違背的。

第八法則

清晨法則：全部都說「不」的時候，就是最佳時機

所謂清晨法則，與約翰．坦伯頓所說的「在最不景氣的時候投資」的原則相符。約翰．坦伯頓在全世界股市暴跌時，購買了三星電子績優股，結果得到極大的獲利。在別人說不時，把它視為投資的契機吧！

在最不景氣時進行投資

隨著２００４年底ＬＧ信用卡的增資，投資此公司的轉換公司債或附認股權證公司債券的投資人，終於安心了。一上漲，就回升到比劇跌以前的最初販賣價格還要高。場內買賣的投資人當中，出現了非當時最初募集時的參與人，那些是看到實質上的高受益而參與投資的人。２００３年底，ＬＧ信用卡公司陷入波動危機，幾乎下跌到只有一半的價格。在當時買進的人，如果一直持股到現在，就可以獲得相當可觀的盈利。

在２００４年當中，有人順應累積式基金的潮流，每個月從薪資中提撥部分金額，以累積的方式投資ＬＧ信用卡公司轉換公司債。但那時大家都不認爲ＬＧ

信用卡公司會回升，也有很多人懷疑LG信用卡公司會不會倒閉。然而，結果就如同約翰·坦伯頓主張的「在最不景氣的時候投資」一樣，又再一次地對於從2003年底到2004年間進行投資的投資高手的卓越眼光表示感嘆。

911恐怖攻擊使得全世界股市暴跌時，有很多人慢慢地收購三星電子績優股。再舉個更切身的例子，當盧武炫總統被彈劾的那一天，最快買股票的人賺最多錢。這些觀察力敏銳的投資者當中，當然不乏看好戲心態的人。事件一爆發，就馬上買股票。俗話說：「黎明之前的清晨是最黑暗的。只有拋股票場面的股市市場會崩盤。當所有人都說「完了」的時候，就是最便宜的時候。把眼光放遠，那就是要購買股票的時刻。

優秀的投資家會關注下跌一半的股項，當人們不關心而不看好時，就是購買股票的時候。當十萬韓元的股票下跌到五萬韓元時，你會認爲那是買進的時間嗎?大部分的人都沒有這種想法，這是人之常情。

不過，即使鼓勵注意不景氣的時機，也不必刻意在未來的黑暗中尋找契機。因爲聽到不久的將來會好轉的消息而進行投資，也可以保證能在某種程度上的獲利。這個道理和「地下鐵建設預定地的房地價會隨著地鐵的開通而價格會再上漲」

的道理是一樣的。在地下鐵建設未完工以前，周圍地區不只交通混亂，也因爲工地的關係，灰塵滿天飛。但只要度過這段期間，周圍的環境會變漂亮，沿線的地價也會上漲。

富翁喜歡舊建築的真正原因

賺錢的眞理只有一個，就是「賤買貴賣」。最廉價的東西，就是免費獲得。事實上，很多人就藉由轉賣中古物品而賺了不少錢。在重視外表，新家具、新家電氾濫的時候，不花一毛錢，就回收中古貨，然後再轉賣的人，就是這些人。以前中古貨販賣中心和廢鐵商獲得的利潤相當高，因爲幾乎不花任何製造費用，而販賣的金額就相當於盈利金額，結果當然賺錢。

韓國最早設立中古貨販賣中心的千正坤社長，在十年之間賺了二百億韓元。一般人看不起的垃圾，舊家具、舊電視、舊電腦等，讓他致富。千社長說：「人們看膩了，就會把新的商品丟掉。但沒有人會對錢厭煩，這就是錢的魅力。」

傳統的投資者或富翁當中，有很多人喜歡中古貨，因爲中古貨比新貨廉價。貨品磨損、變舊，價格自然變得便宜。就像汽車只要出貨，就會被貼上中古貨的標籤，價格隨之變低，但品質則不需要懷疑。

因此，喜歡廉價買進的人，通常會喜歡價格比原有價值更低廉的中古貨。這不只是應用在消費行爲上，也可以延伸到投資方面。價格比起原有價值更低廉的投資商品，以廉價買進，再以較貴的價格賣出，這就是中古商的操作手法。

那麼，爲什麼富有的投資家華倫．巴菲特賺了那麼多的錢，還是喜歡便宜貨呢？他們不是吝嗇，而是爲了以更低廉的價格買進所付出的努力，這就是賺錢的道路。

為什麼富翁擅長拍賣

很多富翁對於拍賣有獨到的見解。K先生因爲家中突遭變故，爲了避免房子被拍賣，而開始學習房屋拍賣，結果反而成爲拍賣高手。P先生先跳進房地產業，然後再接觸房屋拍賣，最後走上拍賣專家的道路。資產家C先生因故，在無可奈何的情況下，眼睜睜地看著房子被拍賣掉。這些人都是筆者周圍的拍賣專家。他們現在已經累積了充足的資產，但是除了拍賣以外，他們很少涉及其他理財方式。他們只在房地產市場不景氣，出現廉價房屋時，才透過拍賣來理財。

拍賣到底有什麼魅力？拍賣的力量掌握在收購人手中。因屋主無法還清債務而要拍賣房子時，買賣操縱在買主和賣主之間，但拍賣時，賣主並沒有權力。擁有錢的收購者，就擁有價格的決定權。換句話說，出售的人處於非常不利的地位。這種狀況通用於世界上所有的金錢交易。想要以低廉的價格完成交易，就必須處於有利的情況。

以魚店爲例。魚經過一段時間就會變得不新鮮，時間過得越久，品質越差，所以在魚店要關門的夜晚，魚的價格最便宜。這就是爲什麼很多人會在大賣場關門前進去買蔬菜和水果。這樣的行爲是爲了取得協商時的有利條件。很多人雖然知道這個原理，卻不懂得應用在實際消費上。

在投資的世界裡，佔優勢的是持有現金的收購者。「在最不景氣時進行投資」這句話的意思，就是在賣方幾乎失去力量的時候，進行價錢協定。在拍賣當中所要學習的，就是不論是投資或消費時，最好是便宜買進。而要便宜買進，就得等待賣方力量消失的時機。急售物品就是典型的例子。賣方在某種理由之下，必須趕快把房地產賣掉，所以無法發揮賣方的力量。因此，持有現金的收購者一旦處在有利的情況，就可以要求更多的優惠。

第九法則

發酵法則：時間創造利潤

所謂發酵法則，就是指理財時絕對不要和時間作對的法則。大部分理財失敗的人，都是被時間打敗的人。切記，在和時間的爭鬥中，唯一能得勝的策略就只有中樂透的運氣。

別和時間作對

投資者當中，有些人觀察股市趨向，卻不率先投資，也不跟著投資。他們希望股市按照自己所設想的方式流動，以獨創的方式賺錢。「別和時間作對」這句話，就是這些人遵奉的格言。

與股市對抗的人，將會死於股市的流彈之下。在理財的過程中，比股市更強的對手則是時間。這裡並不是要談「時間就是金錢」陳腔濫調的眞理。理財失敗的人，都是被時間打敗的人。在與時間的爭鬥中，唯一能得勝的策略就是運氣。但還是有很多人還在做這種無謂的爭鬥。

以下介紹一封去年我收到的電子郵件。爲了保護寄信人的身分，省略可能猜測得出其身分的部分，並以匿名處理。

您好！

……中略……

現在我好像迷失在沼澤中。三年前，我最好的朋友認為我很會理財，而把一億韓元這一大筆錢寄放在我身上。那時，我買股票而賺了一些錢，朋友知道後，就請我代為投資。現在那筆錢都不見了，只剩下二千萬的債務。我已經盡力了，現在看到朋友和他即將滿週歲的兒子，就覺得煩悶。兩個月前，丈夫也因公司倒閉而失業，生活頓時陷入窘境。現在我只想趕快把本金還給朋友。對不起，我不知不覺地訴起苦來了。請告知能幫助我趕快賺錢的方法。希望不會造成您的困擾，拜託您了。感謝您閱讀我這封毫無頭緒地信。

筆者由於擔任理財線的記者，像這樣的信件，每天都會接到好幾十封。擔任證券部門的記者時，更接到難以計數的電子郵件和電話，要求介紹好的股票。不過，我都不會回答這些電子郵件和電話的問題，因爲記者沒有回答的能力，也沒有那樣的權利。

寄電子郵件的這個人犯了一個嚴重的錯誤，就是反抗時間。越急，失敗的可能性越高。能拯救這些想趕快變成富翁的人的方法，就只有樂透。如果對方不要求時間，請求我告訴她賺錢的方法，那麼我說不定就會把所知道的方法，以及從各個管道聽來的消息告訴他。事實上，這些知識就是這本書。絕對沒有方法能幫助反抗時間的人。在投資的世界裡，和時間決勝負的人，絕對是屢戰屢敗。

有些想一夕致富的人，會將全部財產拿去買股票或賭博，結果不是傾家蕩產，就是連累親朋好友。這種人的野心太大，想賺比別人更多的錢。不切實際的發財夢，讓他們沒有等待的時間，一心想知道快速變成富翁的方法。

美國財政專家強調，想藉著炒作股票賺錢，一定要擁有一筆十年內都不會動到的資金。誰也不知道股票市場的變化，在那樣的過程中，決勝負的是時間。把幾年後會用到的資金投資在風險大的投資商品上，根本就是在反抗時間。和時間對抗，絕對不會贏得勝利。

想通過投資和儲蓄來存錢，就不要反抗時間，而要順應時間，與時間共同合作。多數致富的人，看起來經常追著時間跑，其實他們只是生活忙碌而已。

在《今日金融》的理財專欄中，刊載了金慶植會長的主張。他經常說：「富翁是時間造成的。」要成爲富翁，需要時間，至少要十年到二十年，而且要持續不斷地實踐。近年來，股票市場對於長期投資的觀念逐漸成形，證券業協會也鼓吹長期投資的風氣。定額累積式的風潮也一樣。帶著想把績優股傳給子女的想法來投資，一定可以獲得很大的成果。事實上，長期投資的利潤高的調查結果，也是到最近才出現的。

MIRAE ASSET投信公司挑選了三星電子等十個績優股，以數據分析從1992年到2003年的盈利率，結果發現投資期間爲三年，平均盈利率爲33．18％；五年，平均盈利率爲35％；七年，上升至45．46％；十年，更增至53．94％。若預測到2004年到2005初股市將大幅上漲，則長期投資所帶來的盈利將變得更高。

因《撒馬利亞》一片而在柏林電影節中獲獎的金其德導演，以驚人的速度拍攝電影而出名。他從1996年開始拍攝處女作，到拍攝《撒馬利亞》，總共拍攝了十部片子。在默默無名的時期，因爲製作費用不足，避免不了拍攝低預算的電影片。《撒馬利亞》一片甚至只用了十一天的時間就拍攝完畢。

他在某家報社的採訪中所說的話令人印象深刻。在訪談中，記者問金其德導演花了多長時間完成電影劇本，他回答：「我活了多長，就用了多長的時間。」每一部電影都是反映自己的人生，投資也是如此。人之所以致富，是因爲在漫長的歲月中不斷地儲蓄和投資。然而，人們只看到富翁成功的一面，甚至認爲那是運氣使然。若有能保證高盈利的金融機構，那就是時間。不應用複利法則，只在時間上不斷地累積，很難期待高盈利，理財也很難成功。發酵食品味道要好，就需要時間，所以錢就是發酵食品。

堅持，就能獲利

夫妻離婚，哪一方犯的錯多，哪一方就要付贍養費。美國的資產管理專門雜誌，曾經以「離婚時少付贍養費的訣竅」爲專題，專家們提出警告：「離婚等於是破產。」贍養費是對於對方的勞累和辛苦的一種補償，失去最初的心情時，就要受到處罰。

失去最初的心情而受到的處罰，不只是在夫妻關係上，就連在投資世界也會受到嚴重的懲罰。加入儲蓄存款時，若不能堅持到滿期，就無法得到最初所預定的利率。投資基金也是，約要加入三個月以上，才可以免除減少利潤的處罰。加入保險又很快解約，錢幾乎拿不回來。有時提早還錢也有「罪」。房地產買賣也有處罰制度。簽了房屋契約，不到期滿就解約，要負擔仲介費用，有的甚至被迫放棄契約金，或者賠兩倍的違約金。

隨著金融公司及商品的不同，會有一些差異，中途解約，通常都要繳納那筆堅持到滿期，就不需付的罰款。雖然這種規定很嚴苛，但那要怪自己不能堅守最初的心情。活期存款、定期存款、保險等大部分的金融商品中途解約，都會破壞資金籌募計畫。對於商品沒有研究清楚，不聽他人勸告，衝動地加入，只能怪自己。

預約也和這樣的情況差不多。訂好火車票、飯店房間，後來又把預約取消，以及定期存款沒有堅持到滿期等舉動，是因爲沒做好計畫。堅守預約和堅守滿期，都需要耐力和計畫。

人們改變初衷的時刻，是生活情況轉好或變差時。股票迅速上漲，吃飽撐著的人增多；反之，股票市場迅速地下跌，挨餓的人增多。據統計，人們無法堅持

初衷的可能性很高。沒有規畫，就不知道何時該買賣股票，結果只要獲得百分幾的盈利，決心就動搖了。

根據定期定額投資法則，要獲利，就要有長期投資的決心。不管股市怎麼變動，也不能改變持續投資的想法。變心的理由如果是爲了縮短時間，很容易屢戰屢敗。一般而言，只要經過一定的時間，就可以獲得報酬。不管是股票、房地產、債券或存款，一旦決定投資，就要長期堅持下去，這就是「發酵法則」。如此一來，即使生活好轉，心情也不會動搖，而且只會做自己能承受的分散投資。

想成為富翁，就要活用時間資產

就算是小錢，只要裝上時間的翅膀，就能發揮很大的威力。

住在首爾江東區的四十幾歲家庭主婦金正子，每個月從丈夫的薪水中撥出十萬韓元儲蓄。她把丈夫的薪資分成收入、支出、儲蓄等部分，最後再另外偷偷地撥出十萬韓元，這是以防不時之需的私房錢。然而，不知道是不是運氣好，每個月一點一滴積存下來的錢，竟然累積到一千七百萬韓元。金女士認爲，反正這筆錢是私房錢，就在2001年春大大膽地投資了帶有風險的首爾地區重新建設的小型公寓，結果意外得到極高的利潤。每個月存十萬韓元的力量，超乎想像。

比爾．蓋茲和華倫．巴菲特是擁有資產超過五百億美金的富翁。他們不是某一天突然因房地價上漲或中樂透而變成暴發富的。比爾．蓋茲投資了足足二十五年以上的時間，使創設的微軟（Microsoft）公司大幅成長。華倫．巴菲特，也努力了五十年才成爲富翁。

那麼，關心理財的您，是從幾歲開始關心股票的呢？華倫．巴菲特從十一歲開始投資股票。出生於中產階級的華倫．巴菲特，曾經做過送報的工作，也撿高爾夫球販賣。不僅如此，還批進可口可樂，轉賣給朋友。他之所以能成爲今日世界最富有的富翁之一，就是把從小發揮出來的生意手腕和時間結合在一起的緣故。

韓國知名的企業家也是越過難關，才創立了穩固的企業。如鄭住榮、李炳哲等人，過去沒有人認爲他們會是暴發富。他們擁有不同於一般人的熱情、意志力、實踐力。當然，他們如果沒有時間這項資產，就不可能成爲引領經濟界的棟樑。事實上，每個人都擁有跟他們一樣的時間。時間不專屬於富翁。

第十法則

錢口袋法則：錢口袋多的人裝得多

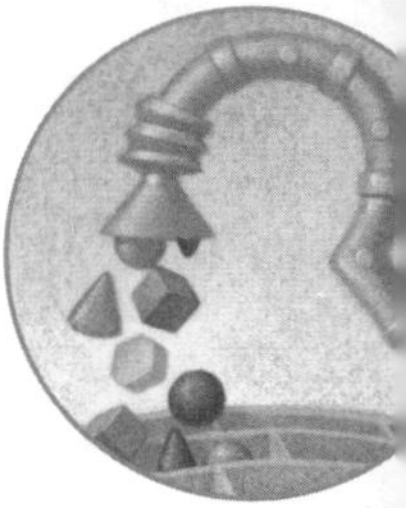

華倫．巴菲特說：「最大的危險，就是只有一種財源。」所謂錢口袋法則，就是指除了一種財源以外，再準備其他賺錢的口袋。想成為富翁，就要開闢能增加所得的錢口袋。

不要追著錢跑，讓錢跟著你來

華倫．巴菲特說：「經濟活動的最大危險，就是只有一種財源。」只有一個薪資的錢口袋的白領階級，正在冒極大的風險。大部分的人很少想到除了一個財源以外的其他賺錢口袋。最近，越來越多人注意到專業能力，想藉著透過這樣的專業來增加財源，提高身價。好好地擴大一個錢口袋，有時比多帶幾個沒用的錢口袋好。現在是低利率的時代，強調勞動所得，所以要思考要怎麼做才能找到新的財源，並且將之實踐。

不要追著錢跑，而要讓錢跟著來。近來，理財高手強調賺錢的技術，就是自我開發，自我管理，致力提高自己的身價，在自己最拿手的地方和最喜歡的地方決勝負，才容易成爲富翁。

各行業出現了領取高薪的白領階級。根據業務的實績，給予特別獎金的獎勵制度，逐漸成形。於是，很多資深工作者大聲呼籲：「請把自己塑造成銷售量高的商品。」

低利率，相對地勞動價值提高。年薪三千萬韓元的上班族與把六億韓元存放在銀行生利息的人，所擁有的創造所得能力是相同的。這不是要你尋找利率爲10%的銀行存款，而是要你更關心如何在薪資談判桌上提高年薪。當然，這要顧及物價上漲及協商的對象。有人建議，可以選擇間接投資商品，並忠於自己的本業。

忠於本業，並尋找與本業相類似領域的兼職，才容易獲得加乘效果。這和專家們對於想辭掉工作，改做小本生意的人所提出的忠告相似。專家建議，最好顧慮到在公司所做的領域和個人嗜好等因素，往熟悉的領域發展。否則就是事先徹底學習，再創業。因此，應該再次整理一下自己現在做的事、最拿手的事及最喜歡的事。

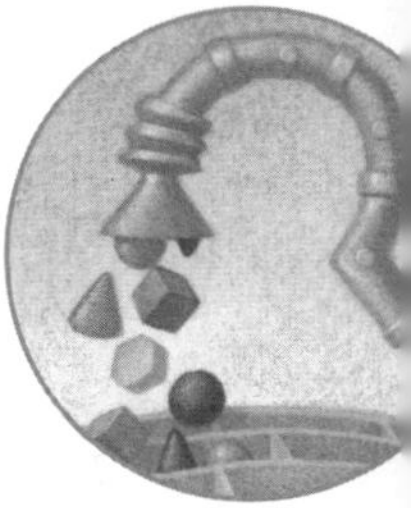

錢口袋多好處多的真正理由

三十幾歲的上班族S先生，小時候家庭環境不好，學生時代過得很辛苦。2002年，他在首爾購買了四十幾坪的新公寓。只工作幾年就可以買房子，分析後發現，他有個祕密武器，就是財源多。妻子是職業婦女，父親也不排斥辛苦的勞動工作，所以他們比別人更快地尋得經濟層面上的寬裕。

平凡的上班族，沒有額外的收入，要想成爲富翁，需要耗費很長的時間。不過，如果收入增加兩倍，時間就會縮短一半。兩個人賺錢比一個人賺錢的致富速度快。若夫婦一起賺錢是借助對方的力量，那麼兩份工作就是用一個人力量謀求增加財源。銀行利息所得和房租所得，也都可以使財源增多，同樣可稱之爲多種財源。總之，增加財源，是快速成爲富翁的捷徑。

多樣化的財源，會帶來存錢之外的效果，例如家庭圓滿。所謂「貧賤夫妻百世哀」，不是沒有道理。雙薪家庭的情況越來越普遍。賺錢的人在家中擁有較強勢的發言權，地位也比較高。當然，這並不是指錢就是家庭的幸福。無論如何，一起工作的夫婦，比一個人工作的家庭，更少會爲錢吵架。

錢口袋多，還有其他好處。三十幾歲的上班族D先生，經常抱怨薪資低，只好多找一份兼職，教鄰居的孩子英語。他不是英語系畢業的，但喜歡英語，會利用空餘時間進修，基本會話沒問題，托福的分數也很高，所以對教英語有信心。結果，年薪從原來的三千萬韓元增加到三千六百萬韓元，足足增加了20％的收入。

隨著所得的增加，有的人會誤以爲兼職很重要。錢口袋變得更飽滿，主要原因並不是兼職。不管是否喜歡自己本來的工作，這還是主要的收入來源。萬一沒有原來工作的薪資三千萬韓元，光兼職也無法達到基本的收入需求。無論是兩份工作，還是其他型態的兼職，使財源變得多樣化的同時，也有必要提升本業的價值。擁有很多錢口袋，本業也看起來很美好。就是因爲這樣，D先生變得比以前更積極工作。

某位優秀的資產管理經理，只以江南地區富翁爲服務對象，他談到自己的妻子在某家信用卡公司上班，每天從事以電話和顧客應對的工作來賺錢。他說：「這份工作每個月至少可以賺到一百萬韓元。」

總之，想致富，就要努力增加賺錢的錢口袋，不可偷懶。

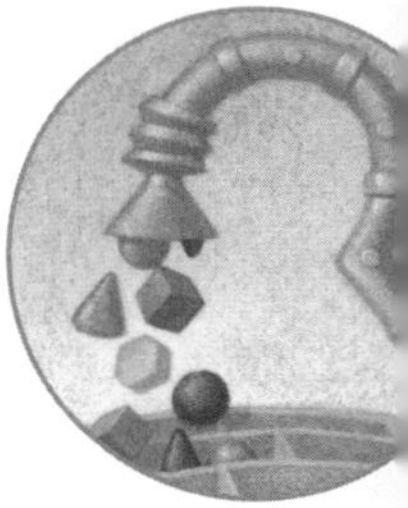

額外錢的態度，決定理財是否成功

很多理財的人，根本不關心非定期出現的收入。額外的錢通常是突然出現的。擴大固定的收入和尋找新的收入，即如何根據錢口袋法努力增加財源，以及如何處理不定期出現的收入，相當重要。

所得可分爲一般所得和額外所得。多數人都很注意一般所得，卻不關心額外所得。額外所得，是指兼職賺來的錢、公司的獎金、禮金等。再把範圍擴大，調薪的金額、分紅所得、利息所得等，也都可以列入額外所得的範圍。

額外所得通常會被用在人際交流和滿足私慾上。例如努力工作之後，買喜歡的東西或大吃一頓，好好地犒賞自己。或者是和朋友外出旅遊或聚餐。

對於額外所得所抱持的態度，首先不是想錢的用處，而要好好地規畫用途。否則可能一拿到那筆錢，就因一時起興而把它花掉。

現在就來了解一下，對於額外收入，一般人容易誤觸的陷阱和容易犯的誤解。想想看，應該以什麼樣的態度來管理。

(1) 擺脫「本來想花掉的錢」的陷阱

分辨富翁和非富翁的要素之一，是對於「本來想花掉的錢」的態度。例如在夏天避暑假期時，打算花掉三十萬韓元和家人一起渡假，後來很幸運地還剩下十萬韓元。那麼，這時您會怎麼處理這筆錢呢？

富翁和想成爲富翁的人，會把這筆錢存起來。然而，多數人會覺得那是要花掉的錢，而把它花掉。在整個冬天不會穿到的夏裝裡發現一筆錢時，朋友還來一筆遺忘已久的錢時，也都會有這樣的心態。

這種想法並不合理，因爲那是從自己的錢口袋掏出來的錢。換個角度來想，這就像政府用完預算還剩下一些錢，爲了花掉那筆錢而在歲末把好好的道路挖開，重鋪新的道路一樣。既然我們會指責政府的這種做法，是否也該反省一下自己是否也以那樣的方式對待自己的錢呢？

(2) 別把薪資和獎金變成「被遺忘的黃金」

根據英國勤儉專家馬丁．路易斯的論點，人們希望薪資提高三倍。那麼，當薪資眞的提高三倍，他們會作何感想呢？答案是，他們同樣會希望薪資再提高三

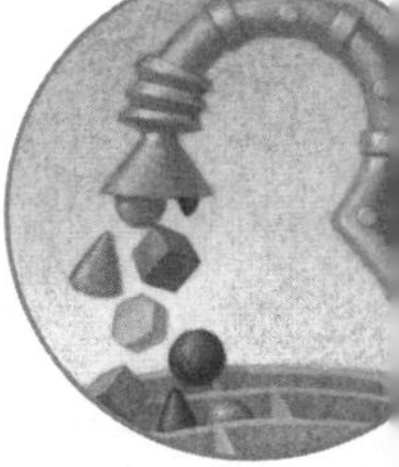

倍。因爲薪資提高，相對地消費也會提高，自己造成通貨膨脹。馬丁．路易斯把這種現象稱爲「被遺忘的黃金（forgotten gold）」。這是因爲薪資提高，卻引起通貨膨脹，完全沒感覺到薪資增加，也不知道提高的薪資花到哪裡去造成的。

身爲勤儉專家的他，建議最好立刻把薪資提高的金額與常態性的獎金存起來。把所提高的金額花掉或拿去投資，會影響之後的生活。尤其是養老基金和教育基金，都需要長期準備。薪資提高後，維持原本的生活水準，其實可以在自然的狀態下存錢。

（3）能發揮一食三鳥效果的壓歲錢

有子女的父母，必須另外籌措教育基金。子女的養育費和自己的養老金重疊或有衝突，問題就大了。

若是生活環境不寬裕，就好好地管理子女所賺進來的錢，如壓歲錢等。現在的小孩，一到三歲就會拿到壓歲錢。爺爺、奶奶、外公、外婆等，再加上其他的親友，累積起來，壓歲錢的數目很可觀。這種收入可以持續領到高中畢業，整整可存約十七年。將這筆錢投資在基金或績優股上，賺得的利潤就可當成養育基金和教育基金。

擁有一百億資產的K先生，從子女小時候就開始以子女的名義購買京畿道波州的土地。市價爲一千萬韓元的土地，這並不貴。K先生認爲自己的兒子如果有一天知道了有自己名義的土地的話，應該會想去那個地方，這就比別人搶先一步關心房地產，所以他就以兒子的名義買土地。這多少含有經濟教育的目的。然而好好地管理子女的壓歲錢，也和這位富翁的家庭教育的道理是一樣的。更何況隨著漫長歲月的增長，子女自然而然地領悟到長期投資、72法則（這是指資產幾年以後增加爲兩倍的確認公式）、複利等。

第三章 輕鬆理財的十二種投資組合

3

第三章將介紹十二種代表性的資產管理商品。這些商品將有助於完成資產管理目標，以及培養正確的理財習慣。這些商品是金融界著名的理財專家和非金融界的高手共同肯定的商品，而且商品的結構也簡單易懂。

最重要的是，這些商品是由符合第

二章探討的理財法則的商品所組成的。因此，在第三章所介紹的商品，即使不是理財的全部，至少也能成為理財的里程碑。選擇適合自己情況和目標的商品，然後製作一個投資組合吧！把複雜的理財技巧和華麗的新商品拋到腦後。將代表性商品製成適合的投資組合，並持續實踐，就可以培養出更卓越的眼光。

當錢存到某種規模時，就不需要複雜的理財。事實上，富翁不進行複雜的理財，是因為他們有私人的理財顧問。錢達到了某種規模，令人頭疼的理財，就讓銀行的專家們去傷腦筋吧！

十二種投資組合的特性

本章介紹的十二種商品，依據商品的性質和投資時間，可歸納出幾種特性。其中多功能卡和保險，性質有別於其他種類，所以省略不談。

首先，CMA存摺、私人金融機構、特賣商品公司債等，爲保守、短期的商品。其中，特賣商品公司債的商品性質和時間，比較中立。其次，公開發行股爲具攻擊性的投資商品。選擇這種投資方式，很難輕鬆地理財。

最後的第三種，是需要較長時間的投資商品。這意味著具有攻擊性的商品，可以透過長期投資來分散投資風險，是投資人比較好的選擇。而且選擇這種投資商品，還可以加入船舶基金。

十二種投資組合的審核表

以下是第三章中要討論的輕鬆理財的代表性商品選單。試算一下各種商品的配分。根據自己對商品的了解及如何應用商品，評價自己現在的理財狀況。

在此不需考慮各種商品的盈利，因爲大部分的商品都以長期作爲基礎，短期的盈利並不具有任何意義。因此，要清楚地了解這些商品再進行投資。

◆配分

已投資，而且非常了解：4分

已投資，但是不太了解：3分

聽過，但是還在考慮是否投資：2分

完全不了解：1分

1、CMA資產管理存摺

2、多功能卡

3、長期購屋存款（基金）

4、私人金融機構的活期存款和定期存款

5、定期定額基金

6、ETF（Exchange Traded Funds，即「指數股票型證券投資信託基金」，簡稱「指數股票型基金」）

7、特賣商品：公司債

8、轉換公司債（包括附認股權證公司債券）

9、房地產投資公司的商品

10、紅利股

11、公開發行股

12、保險

評價

48－44分　請堅持初衷，不任意投資其他新的商品。

43－36分　重新審查所投資的商品合約書、說明書、投資方法等。

35－25分　蒐集還未投資的商品的相關情報，完全了解後再投資。

24－12分　重新思考爲什麼需要理財，並仔細閱讀第三章的內容。

1 有助於領悟小錢價值的「CMA存摺」

需要申辦的對象：上班族、生意人、自由業者、所有想要理財的人

優點：比一般薪水存摺的利率更高，還可以擴展投資視野

與第二章的哪些法則有關：第一、二、三、五法則

對於初次理財的人有幫助

藏在衣櫃下的錢不會生利息。理財的第一步，就是修正把幾乎不會生利息的薪水存摺餘額擱置不管的習慣。薪水存摺，多半是一般銀行隨時可存領錢的活期存款，幾乎沒有利息。

初次理財的人要投資的金融商品，就是ＣＭＡ資產管理存摺。ＣＭＡ存摺是指資產管理帳戶，以前綜合金融公司也販賣此種商品。現在可以在東洋證券、錦湖綜金等經營管理綜合金融的某些公司裡辦理存摺。這個商品的魅力在於培養愛惜小錢並做好管理的習慣。

ＣＭＡ存摺可以自由存領錢，是短期的實積分紅型金融商品，它的利息比只有存錢功用的銀行活期存款高。２００５年２月４日，國民銀行的活期存款，本金十萬韓元以上，利率爲0．10％；不到十萬韓元的餘額，幾乎沒有利息。反之，東洋綜金證券的CMA存摺，只要存放一至七天，就可以得到2．7％的年利率；存放一年，就有3．7％的年利率。由此可知，把薪資餘額放在銀行活期存款的舉動有多麼愚蠢。

再者，本金和利息都受到保護，CMA存摺的安全性並不會低於銀行的活期存款。東洋證券發揮了CMA存摺的長處，把CMA存摺徹底商品化，變成資產管理存摺，並且提高了便利性。反之，把在證券公司所銷售的超短期商品MMF（貨幣市場基金）和CMA存摺相比較，MMF（貨幣市場基金）並不受到保護。

三星證券的SMA是自動投資貨幣市場基金的資產管理存摺。就可隨時存領錢、實績分紅等方面來說，它和CMA資產管理存摺一樣，所不同的是，利息稍低，也不可以投資綜合金融公司的商品。CJ投資證券和教保證券的資產管裡存摺，也是基本的投資商品，都是MMF存摺而非CMA存摺，本金不受到保護。反之，就銀行的MMDA存摺（貨幣市場存款帳戶，可以開支票和儲存），在存款受到保護這點，它和CMA存摺的性質一樣，依據本金的多寡，利率有可能低很多。

薪水管理存摺不只完美地發揮薪水存摺的功能，在扮演資產管理存摺的角色上也毫不遜色。東洋證券的CMA存摺，可以享有隨時存領錢、自動轉帳（信用卡、稅金、保險費等）、投資債券、投資金融商品等多種服務。擁有銀行存款的轉帳功能，同一個存摺內也可以投資期票、債券等金融商品，這有助於擴展投資的範圍。而且也增加了以前薪水存摺所不可能作的投資，或是增加了其他投資的機會。

在大企業上班的三十幾歲L先生，在朋友慫恿之下，辦理CMA存摺，並以它代替薪水存摺。因爲可以隨時存領錢和轉帳，還可以簡便地投資各種商品。以前因爲使用幾乎沒有利息的銀行活期存款，所以常因利息少而難過。現在則多了一份收益。

大部分的上班族會用轉帳的方式，讓稅金、水電費等自動從薪水中扣除，而且認爲剩下的餘額不多，而任由它放置在存摺中，但這是錯誤的做法。富翁不會問：「那些錢值幾分？」而會問：「那些錢有多少？」如果不節省小錢，珍惜小錢，就很難存到大錢。所謂「一滴漏水可使船沉沒」，小錢的重要性可見一斑。

【專欄】找回我失去的錢

每個人都曾經有過這樣的經驗，小時候搬家時，因為發現藏在衣櫃下的一百韓元或五百韓元而興奮不已。這就像在去年冬天穿過的外套裡，摸到一萬韓元的鈔票一樣。那是因為感受到一種白撈到一筆錢的微妙心情。其實那筆錢只是自己遺忘掉的錢而已。因此，即使利息只有差一點，也要選擇利息較高的銀行，並絞盡腦汁尋找更好的理財商品。這些事都是低利率時代的家常便飯。

如果某個地方藏著自己不知道的錢，應該怎麼做呢？當然是要找出來。這就是所謂的「停滯帳戶」。韓國銀行界的停滯帳戶，是指餘額不到一萬韓元，一年以上沒動用過的活期存款；餘額不到五萬韓元，兩年沒有動用過的活期存款；或是指餘額不到十萬韓元，三年以上沒動用過的活期存款。

保險金裡的停滯保險金，是指因連續遲繳保險金，或因到期而被解約所退還的保險金，兩年以上未領。證券公司也有這種停滯帳戶。根據證券協會的統計，證券公司內的停滯帳戶估計至少有五百萬個。證券公司對停滯帳戶的評價基準額度是十萬韓元以下，最近六個月內沒有作交易和存領錢的帳戶。

富翁是節省小錢的人。試著用富翁的算法來計算一下，要是有個十萬韓元存款的停滯帳戶，就像擁有一千萬韓元的存款，卻不去找能多給1%利率的銀行的情形一樣。好好地搜尋一下家裡的書架或櫃子，重新確認有無被遺忘的帳戶吧！

2 培養聰明消費習慣的「多功能卡」

需要申辦的對象：容易有衝動性購買慾，支出經常超出預算的人

優點：有節制消費的效果，可導引合理的支出，具扣繳所得稅的效果

與第二章的哪些法則有關：第一、二、五法則

避免不必要的消費，有計畫地管理錢

打開你的皮夾，皮夾裡的現金有多少？信用卡有幾張？上班族A先生以攜帶名片夾來代替皮夾。名片夾裡有一張具交通卡功能的信用卡，還放進爲數不多的現金，以備不時之需。A先生覺得這樣做可以節省消費。

B先生則是乾脆不攜帶皮夾。因常把現金放進口袋，使得鈔票變皺，浪費國家資源，除了這一點之外，其他沒什麼不好的地方。這是因爲他習慣付現金。他只在上衣或褲子的口袋放一張必備的交通卡。他覺得自己沒到可以在別人面前裝闊的地步，所以盡量減少不必要的交際應酬，節省不必要的消費。

在B先生和A先生的皮夾裡，共同發現的卡就是多功能卡。多功能卡可以在信用卡加盟店內自由使用，但必須是在往來帳戶餘額範圍內。它不像信用卡可以先刷卡後付費，若帳戶沒有餘額，就不能使用。對於有酒後亂消費的人，以及缺乏規畫而購買慾強的人而言，這種卡非常有幫助。

平常就設定好多功能卡的餘額，超過餘額就不能使用了，這樣可以事先預防衝動性購買行爲和過度消費。例如每個月必須用到的生活費從薪水存摺裡扣除，並自動轉帳到與多功能卡連結的存摺內，那麼就會在該金額範圍內用錢。A先生和B先生各自把10％的薪資存進多功能卡的存摺內，當成零用錢和交通費。如果薪資是三百萬韓元，生活費就是三十萬韓元。這種卡在信用卡加盟店都通用，與信用卡一樣方便，也可在國內提款機裡，提領現金。還有一個優點，就是一年內所使用金額的20％，可以扣抵所得稅。在年底結算時，信用卡使用金額，包括所有現金收據所使用的金額，超過課稅年度總收入的15％時，超過的金額可以得到扣抵所得稅的優惠。

多功能卡和信用卡不一樣，不需要繳卡費。在加盟店內使用金額的額數，可以積點數。筆者所使用企業銀行的多功能卡，和OK現金卡有合作，而最近企業銀

行又和郵局合作，所以企業銀行的多功能卡，可以在郵局的提款機內存領錢，免手續費，可以解除過去覺得分行不多的不便。喜歡旅行的人，可以辦理和航空公司有合作關係的多功能卡。

另外，就像信用卡一樣，刷卡時，會馬上通過手機、電子郵件傳達消費簡訊，能夠立刻確認刷卡的時間、地點。萬一卡被盜用，就可以迅速處理。還有通過網路可以查詢多功能卡購買明細表，即使不寫出納簿，也可以確認一個月內在哪裡使用了多少金額，有助於規畫支出的額度。

【專欄】三種培養聰明消費習慣的注意事項

使用多功能卡，可以讓消費更有計畫，更具合理性。在此再深入介紹有助於培養聰明消費習慣的事例。四十幾歲的家庭主婦金慶愛，擁有龐大的財產，靠自己的力量經營一家餐廳。筆者從採訪當中得知她是如何減低消費，以及她的省錢祕訣。內容如下：

（1）有沒有更便宜的地方？

金女士說：「一定有更便宜的地方。」你也有過這樣的經驗吧！非常滿意自己以便宜的價格買到某個東西，但是四處逛了以後，卻發現有更便宜的地方，扼腕不已。金女士總是告訴自己，一定有更便宜的地方。然後就像習慣一樣，經常問自己這個問題，並且積極尋找更便宜的地方，藉此擺脫衝動性的購買慾。

（2）有更好的商品嗎？

一定有更好的商品。這是個商品氾濫的時代，一定可以找到價格差不多、款式相似，品質卻較好的商品。金女士說：「把當場要買的東延期購買，積極收集情報，一定可以找到品質更好的商品。」把想買的東西延後買，可以減低衝動性的購買慾。就減少消費規模的層面而言，盡量買質量好的製品。金女士的衣櫃裡，放滿了無數不能穿的衣服，這些衣服都是因爲覺得便宜才買。當時沒有仔細分析品質和款式，結果只穿喜歡的一、兩件衣服，便宜買來的衣服只會佔據衣櫃的空間。因此，最好購買自己喜愛的樣式和品質的商品，這是節省金錢的方法之一。

（3）可以下次再買嗎？

絕對沒有今天一定要購買的商品。不管再怎麼急迫，也很少會立刻用到。如果不是急著要用的，金女士打開錢包前會背誦注意事項，然後購買慾就會消失了。這第二章第一法則「早場優惠制度」中的好習慣之一「把想買的東西保留二十四小時」的概念是相通的。飯不可能延後一餐吃，但購物慾可以。有無控制慾望的能力，有時會決定人生的幸與不幸。

3 建立理財基礎的「長期購物存款」

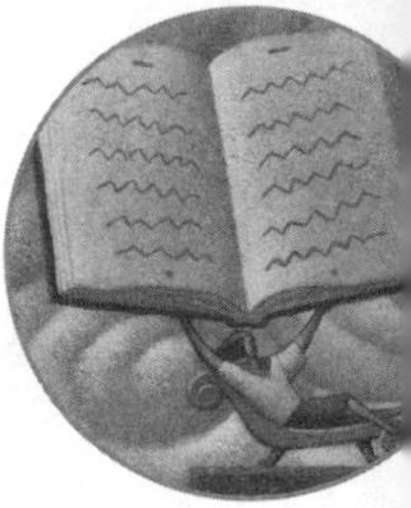

需要申辦的對象：沒有房子的上班族、初入社會或想加入定期定額存款的人

優點：可節省稅金，培養長期籌劃資金的能力，養成儲蓄的習慣

與第二章的哪些法則有關：第三、九法則

節省稅金又安全的精華商品

這是理財高手共同推薦的商品。尤其因爲具有偏高的固定利率和安全性，所以非常受歡迎。在儲蓄期間，這種存款有助於實踐致富的目標。

全部的銀行和私人金融機構，都有這種存款。存款期間爲七年以上，加入的資格必須是滿十八歲以上、沒房子的人，或者擁有85平方公尺（25．7坪）以下房屋的人。每間銀行雖然有差異，但大致上是最初三年的利率固定。

購屋存款的主要目的在於存一大筆錢，每個月以定額的方式儲存。原則上，每個月以一萬韓元的金額爲下限，每期不可超過三百萬韓元，每年不可超過一千兩百萬韓元。這個商品的利息所得，可以得到免繳利息所得稅的優惠。年利率爲5．5％，則繳稅後的利率也是5．5％。

這個商品還有另外一個魅力，就是可以扣抵薪資所得稅，對勞動者而言，是最好的商品。所能扣繳的稅金額度爲，每年所存金額的40％以內，即最高有三百萬韓元可以獲得扣抵所得稅的優惠。即使中途解約，若存到五年以上，其所受到的扣抵所得稅優惠仍然存在。若在五年內解約，要追繳的稅金是存款餘額的4％（一年以內解約爲8％）。中途解約所要追繳的稅金，實際上比之前的退稅金額還少，最多一樣，所以沒有損失。

關心理財的人辦理這種存款，有助於維持良好的習慣。只要養成長期企劃投資的習慣，就能重新發現儲蓄的重要性及節稅的威力。

購屋申請存款和購屋存款的性質相似，所以不把它列爲投資組合內的代表性商品。但這並不是說它不重要。購屋申請存款，是所有沒有房子的人一定要辦理的。還沒辦理預購屋存款的人，可依據自己的狀況，選擇適合自己的存款，之後可和長期購屋存款一起使用。

購屋申請存款大致上可細分爲購屋申請定額定期存款、購屋申請賦金存款、

購屋申請定期存款。購屋申請定期存款，就是把一筆錢存進去就好了。購屋申請定額定期存款、購屋申請賦金存款，與零存整取存款的性質差不多，只是每個月的存款金額，以及加入的條件不一樣。

雖然購屋申請存款隨著商品的種類多少有差異，但這是根據政府政策而設立的儲蓄存款。最好先想好要辦理何種存款再去銀行，否則就會被銀行的人員牽著鼻子走。

活用長期購屋存款的技巧

（1）辦理幾種存摺

為了擺脫存款七年的負擔，或者存款期間有急需用錢的情況，最好辦理兩個以上的存摺。有好幾個帳戶，即使之後因需要錢而把部分存摺解約，其他存摺還是可以發揮長期存款的效果。

只要遵守所有的金融機構合起來的存款每期不得超過三百萬韓元的規定，就可以辦理非常多種存摺。

（2）先辦理，再等待

若要到2006年才可以加入，那麼辦理帳戶後先保留，這樣比較有利。立刻積極地應用存摺雖好，但有時並無法辦理，反正之後隨著情況的不同，可以規畫其他活用的方法。

（3）可以只存三年或五年

爲了讓這種存款發揮最大長處，最好存滿七年。不過，即使沒有存滿七年，也有其他好處。只存三年，可以獲得之前所定好的固定利率，比一般爲期三年零存整付的定期存款利息更高。若存滿五年，就不需再追徵已經獲得的扣抵所得稅優惠。

（4）放棄購屋的想法吧

不一定只爲了購屋才能辦理這種存款。剛理財的人常犯的錯誤，就是太過於執著所賦予的商品用途，而不知道活用商品。不要被商品的用途名稱所限制。經過七年的期間所準備的資金，可以應用在教育基金和養老金上。尤其是最近又出

現了不只爲期七年的存款，也有三十年、五十年的，如果想準備養老金和子女教育基金，不妨考慮這種存款。

（5）當成額外的存款

每期可儲蓄三百萬韓元，如果很難在固定的薪水裡定期扣除部分金額，那麼可以當成儲蓄獎金、紅利所得、利息等不定期的所得，即額外收入的帳戶。反正額外的收入，本來就是多出來的錢。而辦理七年以上利息免稅的長期購屋存款，有助於減少不必要的消費。

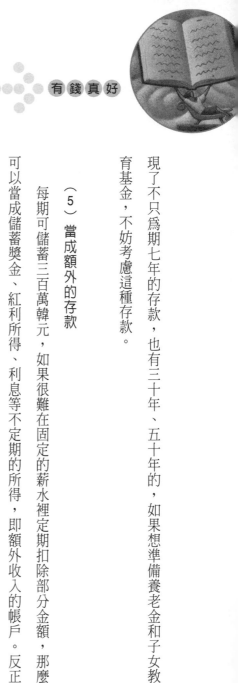

【專欄】想投資基金，又想辦理長期購屋存款時

可以在證券公司，或保險公司辦理與長期購屋存款性質相似的商品。證券公司的長期購屋基金，因爲是基金，所以隨著經營的成果，有可能損失，也有可能獲得更高的盈利。如果想同時辦理基金和長期購屋存款，那麼投資長期購屋基金也是個可行的辦法。尤其是最近在掀起的定期定額基金的風潮之下，如果還沒辦理長期購屋存款，更應該考慮投資長期購屋基金。因爲長期購屋基金是基金，會隨著股票型、債券型、混合型等類型的不同，股票投資所佔的比重會有所不同，中途手續費和投資報酬率等，也略有不同。在投資之前，必須事先顧慮到這幾點再投資。

現在市面上的長期購屋基金，大致上是混合型的，這是爲了商品的穩定性。因此，同時辦理長期購屋存款和長期購屋基金來分散投資，是個好辦法。要是每個月可以把定額五十萬韓元存放在長期購屋存款，就採六比四的比例，將三十萬韓元存放到長期購屋存款帳戶裡，剩下的二十萬韓元則投資到長期購屋基金。而且把三十萬韓元分別存放在

三個存摺裡，就可以避免急需用錢時，把全部存摺解約掉的情況。雖然有點麻煩，卻是較安全的投資方式。

4 打破固有觀念的「私人金融機構」

需要申辦的對象：只有銀行存摺的人、喜好保守型投資者

優點：收到事半功倍的效果，提供其他的投資方式

與第二章的哪些法則有關：第二、五、六法則

可選擇利息較高的私人金融機構

理財高手多半會辦理信用協同組合、私人銀行、些馬爾金庫等私人金融機構。沒有什麼特別的理由，只因爲利息比一般的銀行高。不過，很多人對私人銀行會有不穩定的成見，結果讓擅長理財的高手默默地坐收利益。

私人金融機構最大的魅力就是利息高，有的比一般銀行的定期存款利率高約0.5——1.5％（一年期）。金融界的利息所得稅金優惠存款，要辦理一年以上的存款，才可以獲得部分稅金減免的優惠。然而，信託金的優點是，即使只加入一個月，也可以獲得稅金減免的優惠。因此，私人金融機構的信託金存款，最好是存短期的，以一年爲基準。

即使不是信託金，私人金融機構的利率也偏高。根據2005年3月18日商號銀行中央會的公告，一年的定期存款年利率爲5％。也有年利率爲6％的零存整付的定期存款。

不過，即使私人金融機構制定安全的制度，當往來的金融機構破產時，還是會不可避免地受到某種程度的損失。私人銀行因破產而陷於不能支付本金和利息的情況時，存款保險公社保護存款人的最高額度爲五千萬韓元。至於利息，則是存款保險公社評估銀行一年定期存款的平均利率和約定好的利率才決定的。因此，可能無法得到當初加入私人銀行的高利率，得到一般銀行利率的可能性比較高，獲得的利率比預期的少1—2％。

計畫辦理私人銀行存款的人，就本金保障來說，若利息一併考慮，則本金存放四千萬韓元爲最安全。私人銀行的整存整付的定期存款、零存整付的定期存款等受到保護。

例如辦理一年定期利率爲5％的私人銀行存款，本金只存放四千七百萬，加上利息則爲二百三十五萬，皆受到保護。所以預估本金和利息超過五千萬韓元時，把超過的額度分散存放到其他私人銀行會比較安全。

然而，本金和利息雖然達五千萬韓元可得到保障，但是在支付公告公佈之前，有相當長的時間不能自由提領錢，爲了預防最壞的情況發生，必須籌劃好資金運用計畫。在安全的組合內儲蓄，才是正確的選擇。如果想確認組合的安全性，就要分析分行的經營實況報告，評估信用協同組合的健全性、營業盈額、流動性等。

平常經常進出家附近，或公司附近的私人銀行、信用協同組合、些馬爾金庫等。經常那麼做的話，就會自然而然地變得熟悉。造訪的時候，最好把商品簡介拿起來閱讀，感受一下私人金融機關的氣氛。如果以後想要在私人機構辦理整存整取的儲蓄存款、零存整取的儲蓄存款的話，就進入相關的網站查詢利率。

【專欄】在存摺上附說明

越來越關心理財，存摺裡的金額就會慢慢增加。在這個銀行、那個銀行所辦理的存摺最少有兩個，而且又在高利率的私人銀行、信用協同組合、些馬爾金庫等裡各辦理了一個存摺，結果辦理的存摺比錢還要多。

有時會發現自己不知道爲什麼辦理這些存摺。只要存摺不要丟，就算是停滯帳戶，還是可以提領，不會有損失。問題是，最初爲存摺定下來的用途，即理財目標，不知何時被淡忘了。這很可能是因爲最初辦理帳戶的時候沒有目標，或者缺乏計畫造成的。也有可能是時間一久，這些目標從腦海裡消失不見了。

因此，建議大家在存摺的封面裡，貼上標籤。以長期購屋存款爲例。如果辦理存摺日期是2005年1月1日，把滿三年的日期2008年1月1日記錄下來，並且寫上這是可適用固定利率的期間。這一天解約，會用固定率來計算，比一般銀行的利率更高。換句話說，滿五年時，所扣繳的所得稅不需要再追繳。同時在其他存摺裡也標明用途。

以這樣方式註明，就不用擔心隨著年紀的增長，記憶力會變差。而且也可以順便給老是怪父母遺傳給自己笨頭腦的子女們一個機會教育。更重要的是，能夠一目了然地感受到具有計畫的理財，以及理財的明確性。

5 長期投資習慣的夥伴「定期定額式基金」

需要申辦的對象：保守的投資者、基金投資新手、想進行長期投資者

優點：長期籌劃投資計畫習慣的養成、鼓勵投資

與第二章的哪些法則有關：第六、七法則

以定期定額基金來分散投資風險

定期定額基金，是活用定額分散投資的方法之一。定額分散投資法，是投資大家班傑明．法蘭克林（Benjamin Franklin）極力推薦適合一般投資者的投資法。每個月存一點錢，雖然無法立刻看到成效，但時間一久，獲利就會越來越明顯了。

所謂定額分散投資法，就像零存整付的定期存款，以月或分期爲單位，定期把固定的金額投資在股票和基金的方式。是一種分期買進的方式。這是爲了分散把全部資金投資在某種特定投資商品時所產生的風險，可以發揮「在低價時以相同額度買進更多股票（或基金）」的效果，有降低買進單價的優點。換句話說，定額分散投資法是同時具有分散投資、長期投資、定期投資的特徵。

因此，定額分散投資法被稱爲可以代替傳統儲蓄的代表性商品。尤其是最近股票市場有上漲趨勢，使用這種投資法的定期定額式基金引起了熱烈的迴響，另一方面，則呈現出還不錯的盈利。

應用定額分散投資法的股票投資，不必像既存的股票投資一樣要很敏感地應對每個時期的行情和局勢。換句話說，不需要有爲了便宜買進而控制時間的能力。一般股票投資，不採舊有的方式，而盡可能地爲了便宜買進股票而作努力。但是定額分散投資法，只要隨著股市行情波動，買進每期所定下來的金額就可以了。因爲這種投資方法，能發揮低價買進高價賣出的效果。就長期投資的角度來分析，這種投資方法有降低平均買進價格的效果。定額分散投資法，大致上可以分爲直接投資和間接投資。直接投資是自己直接選擇股票和基金，並活用定額定期分散投資的方式。

直接投資是以ETF（Exchange Traded Funds，即「指數股票型證券投資信託基金」（簡稱「指數股票型基金」），和指數基金等爲投資對象，在決定好的日期，直接購買固定金額的量。例如在每個月發薪的當天直接購買就可以了。ET

F的交易方式與股票相同。因此，通過HTS（Home Trading System，家庭商業投資系統），訂購想買的價位和數量，之後再確認是否完成交易即可。然而，直接投資ETF，可能要像股票那樣費神，也容易隨著行情的變動而陷入買賣的誘惑，結果違背最初的目標。反之，所謂的間接投資，就是加入金融機構所販賣的定期定額基金。間接投資，是去造訪銀行、證券公司、加入定期定額的商品，每個月存放固定的額度，能以自動轉帳的方式進行簡單投資。

定額分散投資方式，是爲了減低股票型投資所帶來的風險，但這並不意味著沒有損失的可能性。賣出時的行情和盈利比買進的平均單價低時，就會造成損失。尤其最近的定期定額基金所公告的盈利率，大致都是爲期未滿一年的單價投資結果，並不能保證這樣的行情會繼續持續下去。不過，專家們指出定額分散投資法時間延長，平均買進的單價就會變低，獲利的可能性較高。因此，定額分散投資是鼓勵維持三年以上的長期投資。

應用定期分散投資法的直接投資法和定期定額基金的優點，就是重新審核儲蓄的威力。若是長期投資定期定額基金，獲利的機率會提高，這是因爲它基本上具有儲蓄的性質。「每個月投資固定的金額」這句話，已經帶有「儲蓄」的性質。不管是定期定額基金，或者是投資績優股的定額分散投資法，如果固定累積，則比其他技術的威力大。

定期定額基金真的是金礦嗎

接著，再詳細地說明如何活用定額分散投資法。根據韓國基金協會的統計，2004年，定期定額債券型基金販賣高達約二兆韓元，其中定期定額股票型基金販賣了一百七十幾億韓元。股票混合型基金和平衡型基金則各販賣了約二千五百億和一千二百億。定期定額基金不只吸引投資人的視線，確實也帶來不少獲利。

然而，定期定額型基金一定賺錢嗎？最近定期定額基金在理財商品當中獨領風騷。結果，投資人誤以爲只要投資幾年，就一定能賺到至少一、兩億韓元。

理財專家們強調，隨著股票綜合指數變動的定期定額基金投資，即使在指數降到最低點時，投資數十年以上，而盈利率超過銀行利率的例子也找不到。若是

股票和債券長期持續不景氣，平均買進的單價降低，盈利也會受到影響。換句話說，即使是定期定額也需要投資者的努力，所以自己要著手進行設計投資期間、買進賣出的日期、投資比例等，這樣才是正確的投資方式。

人們口中常說的定期定額基金，就意義層面而言，是屬於「定期定額型基金」，不是特定的基金型態，而是投資型態。因此，投資者在想購買的時間內，根據自己的意願決定買進的量，同樣地也自行決定賣出的日期。

應用定期定額基金賺錢的四種訣竅

那麼有沒有既能減低風險，又能提高盈利的方法？試著活用下列四種訣竅，來使定期定額基金賺錢？

（1）適時採取直接投資方式

雖然定期定額基金採取減低平均買進單價的投資技巧，但投資者自己卻應該更關心如何減低買進單價。理財專家李建熙（筆名）表示：「最好是在低點時買進，高點時賣出。不過，因爲無法準確地預測低點和高點，所以只要在一定的期間內分期買進、分期賣出就可以了。」以定期定額投資爲基本方式，在某些時刻採取直接投資的方式，並在下跌時多投資。

（2）達到設定的盈利目標時可考慮賣掉

就算投資期間設定爲長期，但只要達到盈利目標，還是可以考慮賣掉。如果決定投資十年以上，就不論獲利與否，執意要等到設定的日期，這種沒有彈性的做法，只會錯失賺錢的機會。因此，達到盈利目標，評估自己的資金計畫、中長期市場狀況等，再決定是否要賣出，才是正確的投資態度。例如盈利目標設定爲１００％的時候，投資期間五年，可是三年就達到了目標，此時就要拋棄往後兩年盈利會再增加的心態，立刻賣掉。

（3）彈性設定賣出的時間

例如投資期間爲三年，過了那個時候不管什麼時候賣掉都無所謂，帶著這樣

的心態，彈性設定賣出的時間，比較不會被限制，當然還是要準備以投資爲目的的「剩餘資金」。把原本投資三年後要用來當成租屋抵押金的錢，拿來投資定期定額基金，這種投資戰略極有可能慘遭滑鐵盧。

筆者認爲，在設定賣出時間時，應該前後多空出三分之一左右的期間。例如以三年爲投資期間，從投資滿兩年開始，只要達到盈利率的範圍內，就可以把它賣掉。期待盈利率增高而錯過賣出時刻，有可能會陷入波動性的危機。如果以五年爲目標，約三年六個月就可以考慮賣出；以十年爲目標，約七年就可以考慮賣出。

（4）接近賣出時間時，縮短投資比例

這是一種依照不同的投資期間，調整投資比例的方法。若將定期定額基金的投資期間設定爲五年，剛開始的三至四年就要遵循最初的計畫投資，最後一至二年，則可以逐漸降低投資比例，尋找適當的賣出時期。這是一種較安全達到所期待的盈利後，又能全身而退的方法。也是爲了防止在投資期間的最後階段，慘遭

失敗的策略。

長期投資時，以分期方式投資績優股

無論是何種投資商品，都可以採取定額分散投資方法，或是定期定額投資方法進行投資。甚至房地產投資也可以採取這些方法。這和只要一有錢就在鄉村買下一小塊祖墳，或者每年買下一小塊農地和林野的道理一樣。不過，每塊賣地的主人不一樣，收購土地並不是容易的事情。在投資人衆多、競爭激烈的市場裡，還是採取定期定額方式來投資比較簡單。一點一滴地收購，就是定期定額投資法。

那麼，投資商品的代表性股票投資市場裡，該如何操作定期定額式的投資呢?最好以績優股和紅利股爲對象。因爲長期購買，價格變動不大，再加上公司本身的風險小，用紅利所得還可以再進行投資。

以各證券公司所列出來的績優股爲投資標的。未來的股市走向很難預，若是投資績優股，即使遇到股市波動，也不會有太大的損失。進行長期投資時，股項

最好是風險低的績優股。以績優股組成投資組合，每個月提撥出一部分的錢，進行定期定額的投資，這種投資方法就像是應用定期定額基金一樣。

只要是價格會有波動的投資商品，無論是何種商品，都可以看出定期定額式的投資效果。

【專欄】定期定額基金也做分散投資吧！

最近出現「定期定額基金也要作分散投資」的論點。定期定額式基金的基本原則，就是以時間當成依據的分散投資。定期定額基金就如前面所說的，是根據定額分期投資法，進行定期（每個月）定額投資，以求分散買進的價格。這是一種減低買進單價，提高獲得盈利機率的策略。因此，所有定期定額基金，基本上就是以分散投資爲基礎。那麼，「定期定額式的基金也要作分散投資」是什麼意思呢？這是指在最初加入定期定額基金時，把最初的資金分成數份，投資多種商品。

換句話說，如果想每個月將二十萬韓元投資在基金上，就把十萬韓元投資股票型基金，另外的十萬韓元投資紅利股型基金。股票型基金具攻擊性，而紅利股型基金則是較保守而穩定的。

隨著營運公司和基金的不同，定期定額式基金商品的盈利都不一樣。所有的投資商品都是「高風險高盈利」，所以準備理財的人，剛開始要把分散投資列爲理所當然的考慮項目。不過，很多人在出現新商品時，容易受到迷惑，忘記眞正重要的原則。

6 拼湊式定期定額股票投資指南「ETF」

需要申辦的對象：考慮投資定期定額基金者、喜歡直接投資者

優點：具有投資基金和投資股票的效果

與第二章的哪些法則有關：第五、六、七法則

小錢也能投資獲利的ETF

二手車販賣員南泰勇在掀起定期定額基金熱潮時，採取定期定額的方式，投資ETF（Exchange Traded Funds，即「指數股票型證券投資信託基金」，簡稱「指數股票型基金」）。2003年夏天開始，每個月發薪水的二十五號，自動把薪水的二十萬韓元轉帳到證券存摺裡。ETF即使只有十萬韓元也可以投資，而且可以立刻買進馬上賣出，所以隨股市的波動迅速做投資的判斷比較有利。

每個月累積的定期定額基金多半是機械性地完成交易。透過ETF進行定期定額式投資，應用投資判斷力，觀察一、兩天買賣價格，再斟酌買進或賣出。南先生是在2004年初總統彈劾事件時購買股票的。股市波動激烈時，就延後幾天買進，約一個月把錢放置在證券存摺裡不動，等到下個月再購買。不過，他一定會遵守把計畫好的錢匯入證券存摺的原則。結果，南先生現在平均每年增加15%左右的投資盈利。

雖然有像南先生一樣投資ETF的人，但到目前爲止，ETF所受到的評價不如商品本身的價值。這是指作爲定期定額基金的代替商品，ETF反而比較好。那麼，ETF到底是什麼樣的商品呢？

ETF是一種隨股市行情波動而設立的基金，可以像一般的股票一樣在市場上自由買賣，與既存的基金不同。

然而，ETF在股市內並沒有引起投資者的特別關注。不只是因爲宣傳不足，投資者也沒把ETF當成一般的投資股項，所以交易不熱絡的股項在股市上消失了。雖然如此，但筆者還是認爲，韓國店頭市場股項中，財政穩定、經營透明度高的三十種績優股所組成的明星指數ETF，再加上定期定額基金風潮，會使ETF的價值再次得到彰顯。

那麼，在什麼樣的條件下，ETF會再度受到重視呢？

首先，隨著股市波動的指數基金投資法和定期定額型投資方法吻合。每個月以固定的額度投資ＥＴＦ股項的效果，與採取定期定額方式投資指數基金的效果一樣。因爲是跟著股市行情的投資，所以幾乎不介入基金經理人的主觀判斷，可以消除與股市走向相反的投資風險，也能享受投資紅利股的效果。

其次，交易穩定，適合定期定額式的投資。ＥＴＦ像股票的股項一樣在股市上掛，而且同樣擁有股票編碼和股項。從早上九點到下午五點股市開市期間，隨時隨地都可以進行交易。股票型基金和一般的指數基金不能以當時的指數賣出或投資。反之，ＥＴＦ則可以按照當時的市場價格交易。

再者，與定期定額基金相比，幾乎沒有什麼手續費。它比一般的股票型基金的交易手續費便宜。賣出時，一般股票課０．３％的證券交易稅，ＥＴＦ則不課交易稅。基金交易手續費是剝削基金的盈利，所以尋找投資商品時，最好尋找能減低交易費用的商品。

最後，可能獲得比一般整存整付的儲蓄存款利息更高的盈利率。因爲還把作爲ETF的基礎商品的南韓綜合股票價格指數２００的優良企業的紅利分給投資人。近來，企業的紅利有不斷增加的趨勢，估計ＥＴＦ盈利率爲２—３％。當然，投資ETF時的紅利盈利率還會繼續增高。這個水準幾乎可以與一般定期存款的利率抗衡，似乎是一種一石二鳥的投資商品。不過，應用買賣ETF的短期交易時，太過費神尋找賣出的時間，可能反而會喪失定期定額式投資的最初宗旨。ETF最適合想要以平穩心情進行長期投資，不喜歡投資個別股項，也不喜歡交易費用高的定期定額基金。這種投資法跟著股市行情跳動，適合想要體會做直接買賣樂趣的愛好者。

【專欄】ETF還是屬於定期定額式基金

三十歲的C先生，以投資ETF代替定期定額基金。他認為ETF不僅發揮定期定額基金的宗旨，而且是自己喜歡的投資方式。C先生是上班族，覺得投資個別股項有負擔。本來空閒的時間就不多，也沒時間一邊投資個別股項，一邊蒐集情報，更不可能隨價格的波動操作。實際上，C先生在2000年初掀起IT風潮時，投資韓國店頭市場的股項，而有失敗的記錄。絞盡腦汁，卻無法獲利，還要對股市動向感到不安。在這之後的兩三年不再碰觸股票市場的C先生，改以ETF重新出發。只要隨著股市波動，追求股市盈利，就不必像投資個別股項那樣費神。更重要的是，採取定期定額地方式投資，一有錢就多買，沒錢就少買，同樣可以感受到投資個別股項的樂趣。

反之，D先生投資定期定額基金。他曾經投資個別股項，也曾經投資ETF。然而，定期定額基金較適合他的性格。因為ETF終究是跟著股市漲跌，太費精神。而且還要事先訂購，所以覺得麻煩。D先生表示，只要決定投資股票市場，所有的事情負責人會自行處理。定期定額基金只要辦理加入基金，每個月以定好的日期和金額自行投資即可。

雖然要觀察盈利，但可以從要判斷買多買少的苦惱中解放出來。更何況只要股市的行情良好，就會有不錯的盈利。

從C先生和D先生的例子當中得知，不管投資個別股項、ETF或定期定額基金，最好是依照自己的投資性向進行投資。建議應用以下的審查選單，了解自己的投資性向。

◆測試選單

ETF	定期定額基金
平常喜歡直接投資	平常喜歡間接投資
投資後會隨時觀察行情	投資後完全不想費神
會使用HTS（Home Trading System，家庭貿易作業系統）	希望自行自動轉帳
投資的金額不固定	投資的金額固定
投資期間自行決定	投資期間固定
股市營業期間（早上九點至下午三點），有投資的時間和空閒時間	上班時間不能做其他的事情
手續費較低	須支付固定的手續費

7 不讓剩餘資金閒放的「特賣商品」：公司債

需要申辦的對象：找不到適合的投資期間的商品的人

優點：引起對空閒投資和代案投資的關心

與第二章哪些法則有關：第四、五、七法則

運用剩餘資金的特賣商品「公司債」

三十歲的上班族崔公運，幾天前造訪證券公司，偶然得知特賣商品「公司債」。一個月前買了股票而還沒去領的錢，由於不放心而想把那筆錢存放到定期存款裡。吸引崔先生視線的是特賣商品公司債的利率，比銀行的利率高出很多，所以崔先生決定把部分的資金投資在特賣商品公司債上。

所謂的公司債，是指某間公司以籌措資金爲目的而發行的債券。這種債券面額上標示著發行公司要給付的利息和到期日期。這些商品中，證券公司販賣的公司債，就是所謂的特賣商品公司債。

證券公司把自己所保證的優良公司債，附上一些利潤，賣給一般顧客，藉此獲取利潤。投資者只要投資證券公司所販賣的公司債中，優良而利潤高的公司債，就可以獲得想要的利潤。現在是低利率時代，部分的公司債因利息較高，所以具吸引力，而且滿期的期間也有很多種。因此，公司債最適合找不到符合投資期間的剩餘資金。剩餘資金是一大筆資金，但是因爲每個人的標準不一樣，看法也會不同。有些人認爲是幾十萬韓元，有些人認爲是數億。事實上，公司債即使只有一萬韓元也可以投資，與資金規模無關。

當然，投資這種商品也有要注意的事項。公司債的投資期間雖然多樣，可是一旦決定了，在那段期間內就不可以把債券賣掉，而且最壞的情況是賠上本金和利息。販賣債券的證券公司販賣的公司債券，主要是依據各自的標準來評估發行公司，同時證實那些公司已經某種程度地脫離風險。特別是對信用等級較低、財務狀況不穩定的公司，更以販賣期間短的商品爲主，這樣可以減低可能拿不回本金和利率的風險。

實際上，即使發行公司的財務狀況不穩定，只要期間短，也會很快地銷售完畢。購買公司債時，最重要的是衡量自己的投資時間再決定。與其依照信用等級來選擇商品，不如分析發行公司的財務狀況和經營前景等各個層面，並配合自己的投資期間來投資。

【專欄】代表性的空檔商品「ELS」

代表性的漏洞商品有特別販賣的公司債，以及最近受到矚目的ELS（Equity-Linked Securities，股權連結證券）。近來，突然受到矚目的ELS是一種類似樂透彩券的金融商品。這種商品，就像在箭靶上填寫數字，對中1就不給，對中2就給本金的兩倍，對中3就給本金的三倍。運氣左右一切。加入的當時，不知道最後能獲得多少利益。不過，ELS能某種程度地預測未來的證券市場和個別股項，與箭靶遊戲的情況不一樣。如果能準確地預估哪些股票能上漲多少，而投資股票市場的個別項目，那麼情況再怎麼好，最多也只能投資獲得10%左右的利潤，沒有投資ELS的必要。

然而，卻有把錢投資在ELS的理由。因爲可以最小額度的本金，在毫無損失的情況下，期待盈利增加。幸運的話，只要六個月，就可以獲得想要的盈利。若把遊戲時間設定爲三年，可能有好幾次機會能命中想要獲得的利益。

ELS很明顯的是具有空檔意義的商品，投資資金只佔全部資金的一部分。這筆資金最好只佔可投資資金的5％至10％。《錢與閒》（《Millionaire in You》）的作者麥可．巴勒夫認爲，指數基金是最上等的簡單投資，雖然是超強的手段，卻相當乏味，所以他提出所謂的娛樂場所帳戶。把全部資金投資在刺激性的投資商品或樂透商品，運氣好，可以獲得額外的盈利，否則就當成是參加遊戲的費用。有些專欄作家建議把收入的1％捐贈出去，其他1％則投資風險較大的商品或企業，這也是個不錯的投資方法。投資選擇性的商品或第三世界國家的投機股票等。然而，把過多的金錢投資在遊戲性的商品上風險太高了。因此，像ELS一樣的商品，是拿出一些暫時用不到的剩餘資金，並在不會失去本金的範圍內增加額外的盈利。

8

傳授富翁投資法的「轉換公司債」

需要申辦的對象：能同時監督風險和安全性的人、想投資股票和債券的人
優點：培養對股票和債券的敏銳度，自然地想到進行安全的投資
與第二章的哪些法則有關：第四、五、八、十法則

一舉兩得的投資法「轉換公司債」

筆者非常喜歡轉換公司債（Convertible Bond，CB）。因爲轉換公司債具有一些獨特的優點。轉換公司債同時兼具債券的安全性和股票的投資機會。如果不懂債券和股票，可以試著學習轉換公司債。

越看轉換公司債，越覺得它和富翁的態度相似。富翁絕對不會盲目地投資。決定投資，一定是準備了最大的安全機制當成基礎。

基本上，轉換公司債是債券投資，比股票安全。雖然有機會轉換成股票，但不是立刻投資股票，而是在買股票時，安裝上安全機制。先獲得債券的利息，之後轉換成股票時，可能獲得盈利，是一種一石二鳥的投資方法。

最近轉換公司債的發行不斷增加，這是因爲轉換公司債不管是對發行公司或投資人而言，都是非常具有魅力的商品。就發行公司的立場而言，是以證券的形式發行，與增資不同，不必立刻增加股票數，即資本的負擔。就投資者的立場而言，具有四項優點。

首先，現在是低利率時代，轉換公司債可以保證得到比較高的利潤。其次，轉換公司債的利率高，而且又是債券，比股票安全，只要公司不會因倒閉而付不出本金和利息，就不會蒙受太大的損失。再者，股價比轉換公司債轉換價高時，在滿期前，把轉換公司債轉換成股票，就可以獲得行情差利。最後，證券公司所銷售的轉換公司債會隨著行情上漲，即可從中獲利。波動性較大的轉換公司債，則與股票投資沒什麼差別。

投資轉換公司債的利率比銀行高，而且最好帶著到期滿爲止的想法來籌措資金，並把行情差利想成是走運時才會出現的獎金。當然，要選擇發行數量比較多的公司，審查發行公司的財務和經營狀況後再進行投資。轉換公司債比股票安全，但是因爲它具有債券的性質，萬一約定要支付本金和利息的發行公司倒閉了，那麼錢就會不翼而飛了。

總之，只要選擇優良公司轉換公司債，就不會有拿不回本金和利息的情況。

【專欄】投資轉換公司債也要精打細算

上班族P先生喜歡投資轉換公司債。他最近投資Silver Star Corporation公司的轉換公司債，投資不到三個月，盈利就高達30％。2004年10月15日發行的Silver Star Corporation公司轉換公司債，保證盈利率為8．10％（利息為6％）。最初發行時，交易的股價比轉換價格低10－15％。P先生發現韓國店頭市場有逐漸回升的趨勢，又可能轉換成股票時，才決定投資。再者，發行轉換公司債後，低於最初發行價格（一萬韓元）時，可以比最初發行時更低的價格買進。若發行公司受到好評，就不必擔心發行公司無法支付債務。如此一來，投資三年，年利率為8．10％，就不會喪失債券的價值。

P先生在一萬韓元以下時，一點點地收購轉換公司債，結果到了年底又可以獲得6％的年利率。他還顧及到轉換價與轉換期間股價的變動性，等到股價最少高過於轉換價的20％以上才有所動作。

股票轉換時產生了很大的利潤，這時，就要開始煩惱了。到底是要冒著行情波動的風險，把轉換公司債轉換成股票，等待更大的利潤？還是以轉換公司債的狀態把它賣掉，利潤較少，但比較安全？不過，賣掉轉換公司債比轉換成股票所能獲得的利差較少，而且很少有人以轉換公司債進行交易。

思考過後，P先生打電話到證券公司申請股票轉賣。申請轉換公司債轉換成股票，約需一個星期的時間才會轉換成股票，匯入存摺。那段期間股票稍微下跌了，但P先生因不貪心而獲得利潤。以比最初發行價格更低的價格買進，首先得到6％的利息，最後轉換成股票又獲得了盈利。像這樣可以自由選擇隨著行情變動的差利、股票轉換紅利、證券紅利等的商品，當然很有魅力。

9 打破固有成見的「房地產投資信託基金」

需要申辦的對象：喜歡不動產投資的小資本投資人、靠利息為生的人

優點：具有小額投資房地產的效果，以及間接投資的效果

與第二章的哪些法則有關：第五、十法則

小額資金也能投資房地產

房地產投資信託基金（REITS）打破了沒有錢不能投資房地產的固有觀念。它提供了小資本投資人投資房地產的機會。在低利率時代，房地產投資信託基金能獲得較高利潤，而且是與房地產相關的間接投資商品，非常具有吸引力。

房地產投資公司把從投資者那裡募集來的資金投資在房地產上，再把從房地產投資中所獲得的盈利分配給投資人。

房地產投資公司就是法律上的股份有限公司，投資房地產公司的商品，等於是收購股票，而且也擁有股東權。因爲房地產投資公司在股市上掛牌，所以可以隨時買進和賣出。每個月分一次紅利，到期時還可以獲得總結算的紅利。

要特別注意的是，若房地產不景氣或沒做好經營計畫，投資盈利就可能會降低。更重要的是，還要研究房地產的現況，主要是租借現況及往後租借情況，是否能達到當初所預估的利潤。因此，在投資時，要仔細評估產業計畫和投資計畫。

投資房地產或投資信託基金的方法有二，一是參與資金募集，二是買進已上市的商品。只是在股市上購買時，必須考慮到交易的量不多，很難保證能買得到自己想要的價位的數量。如果是參與資金募集，則最少需要五十萬韓元才能投資。在股票市場購買時，是以十股為基本單位來作交易的，所以只要有五萬韓元就可以了。

另一方面，與房地產投資信託基金相似的有間接投資房地產的房地產基金和房地產拍賣基金。只是房地產基金和房地產拍賣基金不在股市上掛牌，變賣的可能性較低。尤其是房地產拍賣基金的利潤比房地產基金的6－7％利潤高，所預期的盈利當然比參與拍賣得標時的盈利低。然而，拍賣得標不一定獲得很多的利潤，但若是評估各種危險的因素之後，所預期的盈利絕對不低。

【專欄】把船舶公司基金也列入投資的對象

關心房地產投資信託基金的投資人，可以把船舶基金列入投資的標的。投資人經常在投資房地產投資信託基金或船舶基金之間猶豫，因為這兩種商品的性質差不多。從穩定性的角度來分析，船舶基金比房地產投資公司更安全，所以引起關注。

船舶基金像房地產投資信託基金一樣，是投資實際產物的商品，即大型船舶。用所持有的船舶和海運公司締結長期船舶租借契約，而產生固定的出租船收入（投資本金和利息），即使海運公司出現無法償還債務的狀況，也可以把船賣掉，收回投資資金。或者即使船舶發生破損、沉沒等事故，也可以由投保的產物保險理賠，所以就安全性這個層面而言，沒有太大的問題。

船舶基金的年利潤大約為6—6．5%。更重要的是，每個月付一次利息，所以適合靠利息生活的人。再者，所持有的基金在三億韓元以下，則紅利所得不徵收稅金。不過，這種基金原則上期間是十年，比房地產投資信託基金的期間還長。

總之，不管是房地產投資信託基金或船舶基金，他們都是投資實際產物，就這點而言，爲小額投資人提供了更多新的投資機會。

10 投資的重新出發指南「紅利股」

需要申辦的對象：曾經短期投資失敗的人、想要增加賺錢口袋的人

投資優點：有助於理解紅利股所得的效用和口袋法則

與第二章的哪些法則有關：第五、九、十法則

可同時期待紅利所得和行情利差

紅利投資是在「高風險高盈利」的股票投資方式下所進行的投資方法之一，既安全又保守。高紅利股給人的印象是與優秀的企業實績一起成長的。因此，股市專家認爲在股市有變動和下跌徵兆時，紅利股比其他股票安全。

投資紅利股時，主要是關注紅利的收益，但它畢竟是股票投資，所以還是要注意行情波動。正常時可獲得行情差利，反之，則可能受到比紅利收益更大的損失。投資紅利股，基本上要選擇不會倒閉的公司，這樣可以期待比銀行利息高的投資利潤。這種投資不會因短期的行情變動而有悲喜交織的場面出現。

紅利股除了紅利所得之外，還可以期待行情差利。年底是紅利股的熱潮期，有紅利股走強的趨勢。這就像守在門口等著好運進門，好運一進門，就可以獲得行情差利一樣。當然，股價也可能會下跌而造成損失。要注意的是，分紅日期一過，亦即在年初時，股價就會暫時下跌。

投資人直接選擇優良的績優股投資時，對於所選擇的股項要預估其盈利率。對於企業情報和分析不太清楚的人，可以參考證券公司所發表的紅利股相關股項報告。高紅利股多爲優良股項，投資風險較低。最好不要把投資集中在某個特定股項上，而要分散投資在各個股項上。就降低股市劇烈變化所帶來的風險方面，值得考慮進行不同時期的分散投資。保守的投資人中，尤其是股市投資高手，就很喜歡採取這種做法。

接近年底時，紅利股投資會變得激烈，這是因爲大部分的紅利股在十二月結算。換句話說，一年十二個月可以活用紅利股。

想投資紅利股，又希望做安全的投資時，可以活用間接投資。紅利股型基金是把投資集中在分股傾向較高的股項上，而這種基金又因分紅股的受歡迎，有急速增加的趨勢。

紅利股投資的四個簡單訣竅

想要在直接投資紅利股上成功，需要些什麼策略呢？依據大禹證券的投資相關資料顯示，２０００年以後，紅利股盈利率居上位的股項走強期間，是從結算日期三個月前開始。因此，只要在規畫投資計畫時考慮到下列的特性，就可以提高成功機率。

第一，若以分紅利爲投資目的，就要在九月底、十月初時買進股票。

第二，評估從結算日期到年底，紅利收益高的股項是否超過股市的盈利率，在三個月前買進股票，在分紅前賣掉，就可以獲得行情差利。

第三，分紅後，下跌的股票恢復到原來的價位約需三個月的時間，所以約四月初就會恢復市場的平均水準。這個特徵有助於規畫投資的期間。

第四，在二月、三月之間，買進自分配紅利日期後股價跌到谷底的股項，再把這些股票保存起來。分配紅利日期後，股價正式受到衝擊，過了一個月左右，經常會出現跌到谷底的情況，如果年底的分紅和行情差利都想要，就有必要搶先一步投資。

【專欄】如何選擇紅利股

投資的紅利股若是紅利配額高，又可以期待有行情差利的良好企業，幾乎就保證會賺錢。那麼，要如何選擇那種股項呢?只要加入紅利股基金，就不必煩惱了。可以參考證券公司隨時公告的各種個別股項的分紅情況。分析企業的專家，會在評估分配紅利的可能性後，公開這些資料。這時，最好要注意想要投資的企業過去關於分配紅利的狀況。

另外，也可以參考股市每年七月所發表的有股利指數的五十種股項。這些股項維持一定水準以上的收益和波動性，是股市的代表性股項，同時也是比較有可能分配紅利及紅利收益好的企業。

11 手腦並用的「公開發行股」

需要申辦的對象：追求短期高盈利的人

優點：體會勤勞和學習的必要性

與第二章的哪些法則有關：第二、四、五法則

培養學習習慣的公開發行股

公開發行股是需要手腦並用的股票商品，有些人還說這是一種只要勤勞，就可以獲得高盈利的商品，幾乎沒什麼風險。因爲公開發行股的結構，是剛上市時的價格定得較低，而相當高額的盈利率會不斷地升高。

某個企業要在股市掛牌，必須經過募集的階段。在公開發行時，那個公司則以比合理價格更低的價格販賣股票。公開發行股的投資，就是在這個過程購買股票。參與A公司的公開發行股的募集，當時賣價是一萬韓元，就是在股市正式掛牌前，以那個價錢購買股票。就如同前面所說的，一萬韓元的價格比股市行情價格低。以一萬韓元作交易，之後在證券市場上交易，就可以賣到一萬五千韓元或是二萬韓元。有錢人爭先恐後地搶著要投資公開發行股的理由即在於此。

問題是競爭本來就很激烈，所以無法獲得很多股。假設申請購買一億韓元的公開發行股，競爭率爲500比1，則可以買到的股票只有二十萬韓元左右。不過，人們還是搶著買的理由是，得到二十萬韓元的股票，上市第一天就可以獲得兩倍以上的利潤。

然而，2004年在韓國店頭市場登記的五十三個股項中，有十一個股項反而比最初的價格低，結果蒙受損失。因此，投資公開發行股時，不一定都能獲得利潤。最重要的是，投資公開發行股要選在股市景氣的時候，利潤才會高。幸好投資公開發行股即使受到損失，也約在公開發行股價格的90％上下，不會損失太多。就算是這樣，也不能貪心地把過多的資金投資在這種商品上，因爲公開發行股畢竟是股票投資，最好只投資剩餘資金中自己所能承受的額度。

那麼，公開發行股有助於養成什麼好習慣呢？公開發行股和其他股票投資不同的是，發行的都是新興的公司。隨著技術和社會的發展，出現無數的尖端資訊業、服務業等，並在股市掛牌。

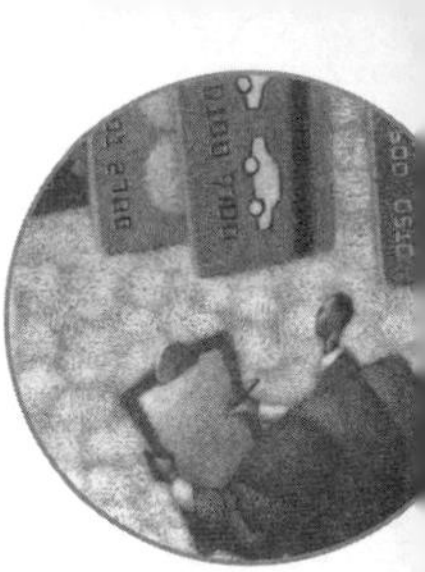

公開發行股在公開募集時，證券公司或金融相關網站都有提供充足的訊息和說明書，閱讀這些說明書有助於了解該公司的狀況。企業說明書上會有關於公司的介紹、未來發展性的預測和分析。平常只要養成流覽證券相關網站、經濟新聞等，隨時都可以投資公開發行股。

公開發行股是一種很有趣的投資領域，還可以培養學習和勤勞的習慣，就這一點而言，這是一種不錯的投資方式。已經投資其他股票的人，在申請參與公開發行股時，具有優先權，也是值得考慮投資的原因之一。

【專欄】公開發行股的操縱手「閱讀企業説明書」

筆者曾經從韓國店頭市場盛況的1999年底開始，約有兩年多的時間，幾乎每週都要閱讀十幾本企業說明書，以便撰寫發行股票的企業簡介。不過，要閱讀完企業說明書的長篇大論，再將內容扼要簡述並不容易。公開發行股的投資人之所以「埋頭苦讀」，就是因爲投資指南「企業說明書」比一般書籍厚。

幸好看幾本企業說明書後，就可以掌握到快速閱讀的要領。隨著企業類型的不同，內容有所不同，但形式卻大同小異。沒有空閒時間的投資人或投資新手，可以先從「簡介情報」中得知關於發行公開發行股的公司的簡介。

12 未雨綢繆的「保險」

需要投保的對象：理財新手及尚未投保的人

優點：能安心理財

與第二章的哪些法則有關：第一、三、六、九法則

一定要加入，但不可隨便加入

沒有加入適當的保險，就不能說你做了一個很好的理財規畫。就像汽車裡設置的空氣囊，在事故發生前，誰也不覺得它珍貴。沒有發生事故時，覺得加入保險或買空氣氣囊的車子是一種浪費，但天有不測風雲，雖然保險不是理財，但卻有很密切的關係。以下就說明投保的五個重要原則。

（1）思考是否需要加入保險

事實上，保險並不比金融商品容易了解。你可以清楚地區分保費和保額嗎？

你知道預定利率和事業費是什麼嗎?保障型、儲蓄型或變額型等,保單的內容非常複雜。

最好不要選擇連自己都不懂的保險,越複雜的商品越不賺錢。我不知道保險公司如何使用我的錢,憑著幾句話就加入,是很愚蠢的行爲。人們對於保險的態度,可以分成兩種。一種是乾脆什麼都不保,一種是投保一堆的人。前者是極端地排斥保險,後者則可能是無法對抗人情攻勢而隨便投保。兩種都不理想。

前者是讓自己暴露於沒有保障的狀態。這種人認爲不會有什麼不幸的事發生在自己身上。保險對他們來說只是多餘的裝飾品。筆者建議,一定要投保,但是要正確地投保,而且要避免像後者一樣沒有計畫地亂投保。

(2)不可因為需要而隨便亂投保

保險是一種支出,支付不必要的保險費用,就像衝動性的購買行爲或買錯東西一樣,都是浪費的行爲。應該在合理的範圍內,有計畫地投保。如果現在保險所佔的費用超過收入10%,就要重新審視保單了。

正在寫理財專欄的盧龍煥先生，主張保險費應佔所得的4—6%。業者則根據平均每戶的保險費用佔所得11．2%的數據，提出保險費應該佔所得10%的論點。哪個論點正確，就要靠自己的判斷。總之，在自己可以負擔的範圍內投保就可以了。

（3）為什麼保險人員一直找人投保

筆者想對投保的人說：「世界上爲了賣東西而直接去找客戶的工作不多，但保險就是其中之一。」舉例來說，看到汽車銷售員爲了賣車而奔波的情況，就知道銷售員獲得很高的利潤。但是得到保險規畫師的服務時，卻反應很遲鈍。如果有保險規畫師告訴你：「我將帶著特別爲你設計的人生規畫表去拜訪您。」就表示你將支付的費用早就加在裡面了。連這樣的常識都沒有就投保，這種人的理財方式一定有問題。

值得信賴的保險人員，不是假日時到人煙稀少的鄉村去拜訪的人，而是能充分地說明可能發生最壞情況的人。賣東西的人，會推銷對自己有利的產品，所以消費者最好要自己睜大眼睛。

（4）保險不是儲蓄或投資

保險是投資嗎？是支出嗎？就像投資和投機很難區分一樣，投資和支出的界線也很難區分。最近，很多保險推出搭配儲蓄或投資的組合。自從變額保險出現後，這種組合更是常見。如果有個商品的年利率是4％，並不是我所付的保險費用全部4％，而是扣除保險需要支付的錢後剩下的金額。例如一個月要繳二十萬的保險，年利率爲4％時，那麼扣除危險保障的金額後，才計算利率。

基本上，保險是一種支出行爲。就像買了芳香劑備用一樣，無論有沒有用到，芳香劑揮發了，也不能跟店家退錢。

（5）不要有領保險金的想法

保險專家提出的適當保險費用，是一般人薪水的8－10％。如果你的保險費用超過這個水準，就要謹愼評估是否要調整保險內容。只保需要的就可以了，不要有想領保險金的想法。許多加入很多保險的人，爲的是領取保險金。

事實上，你只要養成正確的生活習慣，就不必花很多錢投保了。不要想依賴保險來解決一切。無知將讓你付出更多的金錢。

【專欄】選擇自己需要的保險

對於保險，筆者有兩個難忘的經驗，首先是關於終身保險。1999年在某外商證券公司因為非常敬佩某個董事長的職業精神，不只和他見面，也加入了終身保險。但在投保後的一年半左右，我申請暫停繳納保險費。奇怪的是，保險費用每個月仍然自動轉帳。我申請暫停繳納保險費，是因為離職而處於休息狀態，那時的情況無法繳保險費。

為什麼會繼續轉帳，我查了以後才發現，我的好友根本沒事先告知，就把欠我的錢匯到付保險費的同一個帳戶裡。

如果我死了而留下一筆龐大的死亡保證金，遺囑應該會很感謝那位保險人員吧！但是在兩年後，我接到保險人員打來的電話，並不是問候，而是質問我：「為什麼保險費從幾個月前開始就沒有繼續繳。」真是讓我氣到說不出話來。於是，我立刻回答：「我要解約。」結果，保險人員不客氣地說：「好，你自己看著辦。」

另一個相反的經驗，就是汽車綜合保險。我跟一位在火災保險公司工作的朋友投保汽車綜合保險。大約過了兩年，同學沒有通知我就辭職了，因爲自己的生活一直很忙碌，就忘了汽車保險這件事。有一天，我突然想到汽車綜合保險好像已經停了很久，立刻跟保險公司連絡才發現，在這一年內我的車屬於無保險車輛。天啊，如果那段期間我發生了什麼事故，應該怎麼辦？負責我的保險的朋友辭職後，只是進行形式上的交接，並沒有做任何的事後管理。

基於上述兩件保險的事情，給了我再次反省的機會。既然身爲財經記者的自己都遭遇這種事，更何況是別人呢？因此，我想告訴想投保的人，不要爲了幫助親朋好友而胡亂加入保險。最好先衡量自己的狀況，多跟幾位保險人員商談，多聽一些意見，再選擇適合自己的保險。因爲保險並非爲了保險人員，而是爲了自己啊！

後記　讓美夢成真吧！

他在一個偶然的機會下，體會到錢的意義和重要性，於是開始從事儲蓄和投資。因爲是上班族，沒有花費很多的時間在理財上，但卻努力縮短致富的時間。盡量尋找高利率的銀行。週末時則會參加聚會，交流情報，同時考察一些房地產被看好的區域，當成去兜風。

他打退一切延緩致富的誘惑。看到電視購物頻道的廣告，不再有衝動的購買慾了，也不進行集中投資。爲了戒掉開車的習慣，把車賣掉，改搭乘公車和地鐵，同時戒掉買樂透的習慣。

每個月把薪水的60％以上拿來進行投資，他的資產滿三年就達到一億，十年就達到十億了。又經過了十年，財產擴增。在這二十年中，股票市場經歷了兩次狂漲，每次他都抓住賺錢的機會。還有他把購屋列爲理財的第一順位，自己所買的房子也因爲地區重建的關係而上漲。他在購屋時，選擇當時有許多不便，但是十年後有可能重建的區域。他在證券投資上，採取定額分期法，投資績優股和基金，有效地減低風險。他雖然說自

後記

己運氣好，但仔細地分析談話的內容，不難發現他的成功之道。

最近他改變過去二十年的生活方式，購買新車，以及大坪數的公寓。他比同時期一起理財的人更快致富。

現在，他在苦惱在未來的十年，如何使自己的資產呈穩定性地成長。他不貪心，只想好好地享受人生。所以只希望資產呈穩定性地增加，而不急於擴增。錢不比他的人生重要，賺錢畢竟是爲了要使用，所以他想提早退休。事實上，固定的收入已經足夠他生活。

另外，他準備參與幫助窮人與弱勢團體的公益活動。致富可以說是他很努力生活的一種回饋，但是他不想獨享資產。他不只是錢多的富翁，也是個心地寬厚的心靈富翁。二十年前的夢想終於實現了。

這段文章，將是二十年後各位的故事。誠摯地希望關心賺錢和使用錢的各位，在漫長的歲月後，能擁有自己想要擁有的財產。現在雖然艱苦，但是能夢想未來。只要努力實踐，我確信各位的夢想將會成眞。不要再做一夕致富的白日夢了。

希望未來有機會能報導各位成功的故事，我將拭目以待。

有錢真好！
輕鬆理財的10種態度

作　　者　金在泳
譯　　者　譚妮如

發 行 人　林敬彬
主　　編　楊安瑜
編　　輯　蔡穎如
執行編輯　施雅棠
美術設計　洸譜創意設計股份有限公司
封面設計　洸譜創意設計股份有限公司

出　　版　大都會文化事業有限公司　行政院新聞局北市業字第89號
發　　行　大都會文化事業有限公司
110台北市基隆路一段432號4樓之9
讀者服務專線：(02)27235216
讀者服務傳真：(02)27235220
電子郵件信箱：metro@ms21.hinet.net
Metropolitan Culture Enterprise Co., Ltd.
4F-9, Double Hero Bldg., 432, Keelung Rd., Sec. 1, Taipei 110, Taiwan
TEL:+886-2-2723-5216 FAX:+886-2-2723-5220
e-mail:metro@ms21.hinet.net
Website:www.metrobook.com.tw

郵政劃撥　14050529 大都會文化事業有限公司
出版日期　2006年9月初版一刷
定　　價　200元

ISBN 10　986-7651-87-1
ISBN 13　978-986-7651-87-7
書　　號　Success-019

Metropolitan Culture Enterprise Co., Ltd.
4F-9, Double Hero Bldg., 432, Keelung Rd., Sec. 1,
Taipei 110, Taiwan
Tel:+886-2-2723-5216　Fax:+886-2-2723-5220
E-mail:metro@ms21.hinet.net
Web-site:www.metrobook.com.tw

大都會文化
METROPOLITAN CULTURE
大都會文化

國家圖書館出版品預行編目資料

有錢眞好！輕鬆理財的十種態度 / 金在泳著
譚妮如譯 .
--初版.--臺北市 ： 大都會文化,
2006[民95]　面： 公分.--(Success：19)
ISBN 978-986-7651-87-7(平裝)
1.理財 2.投資

563　95015842

大都會文化圖書目錄

●度小月系列

路邊攤賺大錢【搶錢篇】	280元	路邊攤賺大錢2【奇蹟篇】	280元
路邊攤賺大錢3【致富篇】	280元	路邊攤賺大錢4【飾品配件篇】	280元
路邊攤賺大錢5【清涼美食篇】	280元	路邊攤賺大錢6【異國美食篇】	280元
路邊攤賺大錢7【元氣早餐篇】	280元	路邊攤賺大錢8【養生進補篇】	280元
路邊攤賺大錢9【加盟篇】	280元	路邊攤賺大錢10【中部搶錢篇】	280元
路邊攤賺大錢11【賺翻篇】	280元	路邊攤賺大錢12【大排長龍篇】	280元

●DIY系列

路邊攤美食DIY	220元	嚴選台灣小吃DIY	220元
路邊攤超人氣小吃DIY	220元	路邊攤紅不讓美食DIY	220元
路邊攤流行冰品DIY	220元		

●流行瘋系列

跟著偶像FUN韓假	260元	女人百分百—男人心中的最愛	180元
哈利波特魔法學院	160元	韓式愛美大作戰	240元
下一個偶像就是你	180元	芙蓉美人泡澡術	220元
Men力四射—型男教戰手冊	250元		

●生活大師系列

遠離過敏 —打造健康的居家環境	280元	這樣泡澡最健康 —紓壓・排毒・瘦身三部曲	220元
兩岸用語快譯通	220元	台灣珍奇廟—發財開運祈福路	280元
魅力野溪溫泉大發見	260元	寵愛你的肌膚—從手工香皂開始	260元
舞動燭光 —手工蠟燭的綺麗世界	280元	空間也需要好味道 —打造天然相氛的68個妙招	260元
雞尾酒的微醺世界 —調出你的私房Lounge Bar風情	250元	野外泡湯趣 —魅力野溪溫泉大發見	260元
肌膚也需要放輕鬆 —徜徉天然風的43項舒壓體驗	260元	辦公室也能做瑜珈 —上班族的紓壓活力操	200元
別再說妳不懂車 —男人不教的Know How	249元	一國兩字 —兩岸用語快譯通	200元

●寵物當家系列

Smart養狗寶典	380元	Smart養貓寶典	380元
貓咪玩具魔法DIY —讓牠快樂起舞的55種方法	220元	愛犬造型魔法書 —讓你的寶貝漂亮一下	260元
我的陽光・我的寶貝—寵物真情物語	220元	漂亮寶貝在你家—寵物流行精品DIY	220元
我家有隻麝香豬—養豬完全攻略	220元	Smart 養狗寶典（平裝版）	250元
生肖星座招財狗	200元	Smart 養貓寶典（平裝版）	250元

●人物誌系列

現代灰姑娘	199元	黛安娜傳	360元
船上的365天	360元	優雅與狂野—威廉王子	260元
走出城堡的王子	160元	殞逝的英格蘭玫瑰	260元
貝克漢與維多利亞 —新皇族的眞實人生	280元	幸運的孩子 —布希王朝的眞實故事	250元
瑪丹娜—流行天后的眞實畫像	280元	紅塵歲月—三毛的生命戀歌	250元
風華再現—金庸傳	260元	俠骨柔情—古龍的今生今世	250元
她從海上來—張愛玲情愛傳奇	250元	從間諜到總統—普丁傳奇	250元
脫下斗篷的哈利—丹尼爾·雷德克里夫	220元	蛻變—章子怡的成長紀實	260元
強尼戴普 —可以狂放叛逆，也可以柔情感性	280元	棋聖 吳清源	280元

●心靈特區系列

每一片刻都是重生	220元	給大腦洗個澡	220元
成功方與圓—改變一生的處世智慧	220元	轉個彎路更寬	199元
課本上學不到的33條人生經驗	149元	絕對管用的38條職場致勝法則	149元
從窮人進化到富人的29條處事智慧	149元	成長三部曲	299元
心態 —成功的人就是和你不一樣	180元	當成功遇見你 -迎向陽光的信心與勇氣	180元
改變，做對的事	180元	智慧沙	199元

●SUCCESS系列

七大狂銷戰略	220元	打造一整年的好業績—店面經營的72堂課	200元
超級記憶術 —改變一生的學習方式	199元	管理的鋼盔 —商戰存活與突圍的25個必勝錦囊	200元
搞什麼行銷 —152個商戰關鍵報告	220元	精明人聰明人明白人 —態度決定你的成敗	200元
人脈=錢脈 —改變一生的人際關係經營術	180元	搜精·搜驚·搜金 —從Google的致富傳奇中，你學到了什麼？	199元
搶救貧窮大作戰の48條絕對法則	220元	週一清晨的領導課	160元
殺出紅海 —漂亮勝出的104個商戰奇謀	220元	客人在哪裡？ —決定你業績倍增的關鍵細節	200元
絕對中國製造的58個管理智慧	200元	商戰奇謀36計—現代企業生存寶典	180元
商戰奇謀36計—現代企業生存寶典II	180元	商戰奇謀36計—現代企業生存寶典III	180元
幸福家庭的理財計畫	250元	巨賈定律— 商戰奇謀36計	498元
有錢眞好！—輕鬆理財的10種態度	200元		

●都會健康館系列

秋養生—二十四節氣養生經	220元	春養生—二十四節氣養生經	220元

夏養生—二十四節氣養生經	220元	冬養生—二十四節氣養生經	220元
春夏秋冬養生套書	699元	寒天—0卡路里的健康瘦身新主張	200元

●CHOICE系列

入侵鹿耳門	280元	蒲公英與我—聽我說說畫	220元
入侵鹿耳門（新版）	199元	舊時月色（上輯＋下輯）	各180元
清塘荷韻	280元		

●FORTH系列

印度流浪記—滌盡塵俗的心之旅	220元	胡同面孔—古都北京的人文旅行地圖	280元
尋訪失落的香格里拉	240元	今天不飛—空姐的私旅圖	220元
紐西蘭奇異國	200元	從古都到香格里拉	399元

●大旗藏史館

大清皇權遊戲	250元	大清后妃傳奇	250元

●大都會運動館

野外求生寶典—活命的必要裝備與技能	260元	攀岩寶典—安全攀登的入門技巧與實用裝備	260元

●大都會休閒館

賭城大贏家—逢賭必勝祕訣大揭露	240元		

●FOCUS系列

中國誠信報告	250元	中國誠信的背後	250元

●禮物書系列

印象花園 梵谷	160元	印象花園 莫內	160元
印象花園 高更	160元	印象花園 竇加	160元
印象花園 雷諾瓦	160元	印象花園 大衛	160元
印象花園 畢卡索	160元	印象花園 達文西	160元
印象花園 米開朗基羅	160元	印象花園 拉斐爾	160元
印象花園 林布蘭特	160元	印象花園 米勒	160元
絮語說相思 情有獨鍾	200元		

●工商管理系列

二十一世紀新工作浪潮	200元	化危機爲轉機	200元
美術工作者設計生涯轉轉彎	200元	攝影工作者快門生涯轉轉彎	200元
企劃工作者動腦生涯轉轉彎	220元	電腦工作者滑鼠生涯轉轉彎	200元
打開視窗說亮話	200元	文字工作者撰錢生活轉轉彎	220元

挑戰極限	320元	30分鐘行動管理百科（九本盒裝套書）	799元
30分鐘教你自我腦內革命	110元	30分鐘教你樹立優質形象	110元
30分鐘教你錢多事少離家近	110元	30分鐘教你創造自我價值	110元
30分鐘教你Smart解決難題	110元	30分鐘教你如何激勵部屬	110元
30分鐘教你掌握優勢談判	110元	30分鐘教你如何快速致富	110元
30分鐘教你提昇溝通技巧	110元		

●精緻生活系列

女人窺心事	120元	另類費洛蒙	180元
花落	180元		

●CITY MALL系列

別懷疑！我就是馬克大夫	200元	愛情詭話	170元
唉呀！真尷尬	200元	就是要賴在演藝圈	180元

●親子教養系列

我家小孩愛看書—Happy學習easy go！	220元	天才少年的5種能力	280元
孩童完全自救寶盒（五書+五卡+四卷錄影帶）			3,490元（特價2,490元）
孩童完全自救手冊—這時候你該怎麼辦（合訂本）			299元

●新觀念美語

NEC新觀念美語教室	12,450元（八本書+48卷卡帶）

您可以採用下列簡便的訂購方式：

◎請向全國鄰近之各大書局或上大都會文化網站 www.metrobook.com.tw選購。

◎劃撥訂購：請直接至郵局劃撥付款。

帳號：14050529

戶名：大都會文化事業有限公司

（請於劃撥單背面通訊欄註明欲購書名及數量）

大都會文化　讀者服務卡

書名：**有錢眞好！—輕鬆理財的10種態度**

謝謝您選擇了這本書！期待您的支持與建議，讓我們能有更多聯繫與互動的機會。
日後您將可不定期收到本公司的新書資訊及特惠活動訊息。

A. 您在何時購得本書：______年______月______日

B. 您在何處購得本書：___________書店，位於___________(市、縣)

C. 您從哪裡得知本書的消息：
1.□書店　2.□報章雜誌　3.□電台活動　4.□網路資訊
5.□書籤宣傳品等　6.□親友介紹　7.□書評　8.□其他

D. 您購買本書的動機：（可複選）
1.□對主題或內容感興趣　2.□工作需要　3.□生活需要
4.□自我進修　5.□內容為流行熱門話題　6.□其他

E. 您最喜歡本書的：（可複選）
1.□內容題材　2.□字體大小　3.□翻譯文筆　4.□封面　5.□編排方式　6.□其他

F. 您認為本書的封面：1.□非常出色　2.□普通　3.□毫不起眼　4.□其他

G. 您認為本書的編排：1.□非常出色　2.□普通　3.□毫不起眼　4.□其他

H. 您通常以哪些方式購書：(可複選)
1.□逛書店　2.□書展　3.□劃撥郵購　4.□團體訂購　5.□網路購書　6.□其他

I. 您希望我們出版哪類書籍：（可複選）
1.□旅遊　2.□流行文化　3.□生活休閒　4.□美容保養　5.□散文小品
6.□科學新知　7.□藝術音樂　8.□致富理財　9.□工商企管　10.□科幻推理
11.□史哲類　12.□勵志傳記　13.□電影小說　14.□語言學習（____語）
15.□幽默諧趣　16.□其他

J. 您對本書(系)的建議：

K. 您對本出版社的建議：

讀者小檔案
姓名：______________性別：□男　□女　生日：____年____月____日
年齡：1.□20歲以下 2.□21—30歲 3.□31—50歲 4.□51歲以上
職業：1.□學生 2.□軍公教 3.□大眾傳播 4.□服務業 5.□金融業 6.□製造業
7.□資訊業 8.□自由業 9.□家管 10.□退休 11.□其他
學歷：□國小或以下 □國中 □高中／高職 □大學／大專 □研究所以上
通訊地址：______________________________
電話：（H）______________（O）______________傳真：______________
行動電話：______________ E-Mail：______________________
◎謝謝您購買本書，也歡迎您加入我們的會員，請上大都會文化網站www.metrobook.com.tw
登錄您的資料，您將會不定期收到最新圖書優惠資訊及電子報。

大都會文化事業有限公司
讀　者　服　務　部　　收
110台北市基隆路一段432號4樓之9

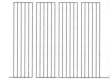

有錢真好！

輕鬆理財的10種態度

大都會文化
METROPOLITAN CULTURE